JN117413

忙しい人のための

公認心理師
試験対策問題集

【第2版】
下巻

青山 有希　喜田 智也　小湊 真衣 [編著]

明誠書林

忙しい人のための
公認心理師試験対策問題集 下巻

CONTENTS

忙しい人のための 公認心理師試験対策問題集 上巻
CONTENTS

1 心理学・臨床心理学の全体像

1 心理学から臨床心理学の歴史

　心理学から臨床心理学の歴史は、Wundt, W. が 1879 年にライプチヒ大学に初めての心理学研究室を創設し、構成主義心理学といわれる「実験心理学」を展開した。これが心理学の起源とされている。その後、構成主義心理学の中心人物 Titchener, E.B. は人の意識経験を基本的な構成要素として、「感覚、イメージ（思考の基本要素）、感情状態（快・不快）」からなると結論づけた。それに対し、機能主義の James, W. は、心的現象とは環境へ適応し生存するための機能（課題への適応、学習、問題解決）であり、習慣もまたその関連機能だと考えた。

　Watson, J.B. は、心理学が科学であるためには、客観的に観測可能な行動のみを心理学の対象とすべきであるとする行動主義を提唱し、Skinner, B.F. は、オペラント行動の研究から、行動主義をさらに徹底した徹底的行動主義を主張した。Tolman, E.C. は、学習はサイン＝ゲシュタルトの成立であるとし、認知過程に媒介変数の概念を導入した。Hull, C.L. は、S-R 理論を基本として概念の獲得を研究し、媒介変数について認知論と対立した。その後、Bandura, A. は、強化がなくても、他者の行動の結果をモデルとして観察することで成立する学習（観察学習／モデリング）を提唱した。

　Freud, S. は無意識の精神活動の重要性を唱え、精神分析を創始した。精神分析は今日の臨床心理学の最も重要な背景であり、その内容は多方面に拡散している。

　臨床心理学は Witmer, L. がペンシルベニア大学に心理クリニックを開いたことが始まりとされている。

問題 1 (2020 年問 10)

E.C.Tolman は、ラットの迷路学習訓練において、訓練期間の途中から餌報酬を導入する実験を行っている。この実験により明らかになったこととして、最も適切なものを 1 つ選べ。

① 回避学習

② 観察学習

③ 初期学習

④ 潜在学習

⑤ 逃避学習

問題 2 (2018 年問 5)

オペラント行動の研究の基礎を築いたのは誰か。正しいものを 1 つ選べ。

① A. Adler

② B.F. Skinner

③ E.C. Tolman

④ I.P. Pavlov

⑤ J.B. Watson

解説＆テクニック

問題1　正答④

①②⑤× 　不適切である。

③× 　Bandura, A. である。

④○ 　適切である。

> 　Tolman, E.C. の名前を聞いたら「潜在学習・認知地図・サイン・ゲシュタルト説」というキーワードを押さえておきましょう。また、新行動主義のHull, C.L. の「動因低減説」、そして第1回追試で出題された「逃避学習・回避学習」が「負の強化」であることも押さえておきましょう（→下巻第5章2道具的条件づけ「問題1」）。

 点に差がつくミニ知識

　Wundt, W. の「内観」は吉本伊信の「内観療法」とは違うものなので、言葉を切り取る設問に注意しましょう。「ゲシュタルト心理学」と「ゲシュタルト療法」なども同様です。

問題2　正答②

①× 　劣等感や共同体感覚などがキーワード。

②○ 　正しい。

③× 　新行動主義の主要人物。

④× 　レスポンデントの基礎。

⑤× 　行動主義を提唱したが、オペラントの基礎ではない。

> 　②と⑤で迷った受験生も多いのではないでしょうか。「基礎」という言葉から⑤を選んだ場合は次回以降、「○○の基礎」とその前の言葉までチェックをする技術を知っておきましょう。このあたりが出題者に狙われる可能性が高いです。

点に差がつくミニ知識

　レスポンデントとオペラントの違いは臨床心理士試験においては頻出ですし、重要かつ言葉もわかりにくいので、公認心理師試験でも出題されやすいと考えます。「違い」を自分で説明できるようにしておきましょう。

2 精神分析

精神分析とは

　精神分析とは Freud, S. が「抑圧された心的なものを意識化する仕事」と定義した。言葉、行動、空想、夢、精神的あるいは身体的症状などの無意識的意味を理解して、これを意識化するように働きかける精神療法と、それによって得た経験に基づく精神病理学的理論を併せて精神分析とされる。

> **COLUMN**
>
> 　精神分析のことを精神力動療法、力動的精神療法などと表されることがあります。もし試験においてこのように表現されていたら、「精神分析」と読み替えて解答することがポイントになります。

問題 1 (オリジナル)

　精神分析における心的構造論についての以下の記述のうち、適切なものを1つ選べ。
① 意識、無意識、前意識で心を捉えている。
② 前意識とは普段は意識化されていない考えや空想や記憶のことであり、とっさには意識されない。しかし無意識に抑圧されたものではないので、比較的容易に意識化できるとされている。
③ 自我、超自我、イド（エス）から説明される概念である。
④ 超自我とは、自我を超えて快楽追及的な役割を担う。
⑤ イド（エス）は自我に対して監視人、裁判官、指導者のような役割を果たす、いわば良心のようなものであるが、すぐれて無意識的である点で通常の良心と異なるとされる。

　精神力動療法について、適切なものを 2 つ選べ。

① 　クライエントの主観的世界を理解し受容する。

② 　不安や恐怖を喚起して、それを段階的に和らげていく。

③ 　無意識的な心的過程が存在することが基本前提となる。

④ 　催眠療法から発展して外傷体験を想起させる方法へと移行した。

⑤ 　不快感や恐怖などの感情を喚起する内的なイメージや思考を変容させる。

解説&テクニック

問題1　正答③

①×　心的局所論の説明である。

②×　前意識の説明自体は適切だが、前意識は心的局所論の説明である。

③○　正しい。

④×　イド（エス）の説明である。

⑤×　超自我の説明である。

　　心的局所論と心的構造論の違いは狙われやすい範囲です。まずはそれぞれの構成要素を押さえることがポイントです。両方覚えにくい場合は、どちらか一方（局所論は「意識」が入っている）を押さえましょう。今回は②④⑤が引っ掛かりやすいですが、何より③で明らかなものが混ざっているために、積極的に③を選びます。

 キーワード解説

　　マークシートの試験では、2つの対立する概念や2つの似ている概念が文字を変えられて出ることが多いです（上記の心的局所論と心的構造論など）。もちろん両方覚えられると一番良いですが、難しい場合はどちらか一方を覚え、もう一つは「違う方」で良いでしょう。マークシートは再認の試験であるため、それで正答ができます。

①× 　主観的世界ではなく無意識である。

②× 　認知行動療法の技法である。

③○ 　正しい。

④○ 　正しい。

⑤× 　イメージ療法の説明である。

> 　比較的容易に 2 つを選ぶことのできる問題です。もし積極的に選べなければ、違う療法の説明が書かれていることが想定されるため、「これは認知行動療法」などとラベリングをして、消去していきましょう。

 点に差がつくミニ知識 ━━━━━━━━━━━━━━━━

　19 世紀末の心理療法は催眠暗示による治療が主流でした。しかしそれは症状を暗示によって抑制するだけのものであったため、症状がなくなれば不安が襲ってきます。それに対し Freud. S は症状の原因を意識し自覚することが必要だと考え、精神分析を創始しました。

3　行動主義

　行動主義とは、Watson, J.B. が提唱した概念である。Watson, J.B. はネズミの観察を行う中で、ネズミの意識を理解することはできないが、意識が積極的に機能したと言える行動を把握することはできると考え、人についても同様で、心理学は客観的に把握することができない「意識」を考察するのではなく、科学的な測定による「行動」についての分析が必要であると考えた。その後、Pavlov, I.P. が犬を使った実験によりレスポンデント条件づけへ、Skinner, J.B. がオペラント条件づけへと発展させていった。

COLUMN

　Watson, J.B. の行動主義では、心理学の目的は行動の予測と制御であるとし、物理的刺激と個体の全体的活動との関係が研究されました。刺激＝反応結合に作用する法則（S-R 理論）として、頻度の法則と新近性の法則を挙げました。

条件づけについて、正しいものを 1 つ選べ。

① 貨幣やポイントを強化子とした条件づけを二次条件づけと呼ぶ。

② 古典的条件づけは、条件刺激と無条件反応の連合によって成立する。

③ オペラント条件づけによる行動変容以前の行動頻度をオペラント水準と呼ぶ。

④ 連続強化による条件づけは、間歇強化による条件づけよりも消去抵抗が強い。

⑤ 古典的条件づけにおいては、逆行条件づけは順行条件づけよりも反応の獲得が良好である。

問題 2 (オリジナル)

オペラント条件づけにおいてタイムアウト法を説明するために最も正しいものを 1 つ選べ。

① 正の罰

② 負の罰

③ 正の強化

④ 負の強化

問題1　正答③

①× 　二次条件づけではなく、二次強化である。

②× 　条件刺激と無条件刺激を対呈示することで成立する。

③○ 　正しい。

④× 　間歇強化の方が消去抵抗が強い（ギャンブルなど）。

⑤× 　順行条件づけの方が反応の獲得が良好である。

　　オペラント水準という言葉はそれほど知らないかもしれませんが、消去法で③を残します。①は二次強化の説明です。二次強化はオペラント条件づけ、二次条件づけはレスポンデント条件づけ用語であることも併せて覚えておきましょう。②は「連合」でないことに注意しましょう。④はギャンブルの例を1つ知っていると×を付けられます。⑤は逆行条件づけが、学習成立が困難であることを押さえておきましょう。

 キーワード解説

条件づけの種類について、以下の4つを押さえておきましょう。

1. 　順行条件づけ：条件刺激の呈示を開始してから5秒以内に無条件刺激を提示し、両刺激を同時に終了させるという手続き。まったく同時に呈示し、同時に終了する手続きを「同時条件づけ」と呼ぶ。

2. 　遅延条件づけ：条件刺激を呈示してから5秒以上の一定時間後に無条件刺激を呈示し、更に一定時間後に両刺激を同時に終了させる手続き。

3. 　痕跡条件づけ：条件刺激を一定時間だけ呈示し、呈示し終ってから条件刺激無しで更に一定時間を経てから無条件刺激を一定時間だけ呈示する手続き。

4. 　逆行条件づけ：まず無条件刺激が呈示されて、それ以後に条件刺激が呈示される手続。条件づけは困難とされている。

問題2　正答②

　タイムアウト法が具体的にイメージできていないと難しいです。具体例を挙げると、友達に悪さをしている子どもに注意をしても聞かなかった際、スポーツのように「タイムアウト」を宣言し、部屋の隅に置いた椅子に座らせて数分間じっとしているように指示します。椅子に座っている間は本人に声をかけたり視線を送ったり、叱ったりすることはせず、既定の時間が過ぎたらタイムアウト終了を告げて終わります。これは、本人にとっては「かまってもらえる」とプラスの意味がある、叱る、褒める、視線を送る、説得するといった関わりを奪うことで、悪さという行動を現象させる方法です。

COLUMN

　タイムアウトの時間は年齢あたり1分と言われています (5歳なら5分)。子どもを矯正する目的では用いず、他人に迷惑をかける行動や自分が困る行動が主な対象になります。また留意すべき点として、1人にさせている時に遊び始めると意味がないので、視界に入っている範囲が適切であることが挙げられます。

 点に差がつくミニ知識

　「正」とは何かを与えていること、「負」とは何かを取り除いていることです。「正負」に「正しい、正しくない」という意味はないことを必ず押さえておきましょう。そして、行動の頻度が上がれば「強化」、頻度が下がれば「罰」です。この「罰」も漢字に必要以上に惑わされないことに気をつけましょう。

4 人間性心理学（2）

人間性心理学とは

　行動主義や精神分析の2つの流れに対して批判的また相補的な第3の流れを人間性心理学と呼ぶ。原語のままヒューマニスティック心理学と呼ぶ場合もある。人間性心理学においては、人間を環境条件や他者による刺激に操作され反応させられる機械や受動体としては見ない。そして、個人が統制できない無意識の力に支配されている非合理的存在としても見ない。人間を全体として捉え、いろいろな素質や本能や特性に還元してしまわずに、それらが一つの人格的主体に統合され、自覚と自由意志とをもち、個性・独自性を発揮しつつ前進する存在とみなす。

問題 1 （オリジナル）

　人間性心理学の代表的研究者、Maslow. A. は欲求階層説を唱えたが、欲求階層説についての以下の用語で、<u>不適切なもの</u>を1つ選べ。

① 生理的欲求

② 承認欲求

③ 自己効力欲求

④ 所属の欲求

人間性心理学についての以下の説明で、最も適切なものを1つ選べ。

① 人間をいろいろな素質や本能や特性に還元してしまわずに、それらが1つの人格的主体に統合され、自覚と自由意志とをもち、個性・独自性を発揮しつつ前進する存在とみなす。

② 人間を、環境条件や他者による刺激に操作され反応させられる機械や受動体として捉える立場である。

③ 人間を、個人が統制できない無意識の力に支配されている非合理的な存在として捉える立場である。

④ 人間のネガティブな側面には注目せず、あくまでポジティブな存在として捉える立場である。

問題 1　正答③

①②④○　正しい。

③×　自己効力欲求ではなく、自己実現欲求である。

> 　基本的な問題なので、この問題を通じて基本を整理しましょう。また、欲求階層説は並び替えの問題も出る可能性があるため、生理的欲求→安全の欲求→所属の欲求→承認欲求→自己実現欲求と順番も覚えておきましょう。

 点に差がつくミニ知識

　欲求階層説において、自己実現欲求以外の 4 つの欲求を「欠乏欲求」といいます。この知識は「2018 年追問 56」で問われたので、覚えておきましょう。

問題 2　正答①

①○　正しい。

②×　行動療法の説明である。

③×　精神分析の説明である。

④×　現在は人間性の否定的側面や葛藤や運命の受容、さらに東洋思想の視点に立つ宇宙内存在、文明内存在、「場」的存在としての人間などにも関心を広げている。

> 　①は「×を付けられない」という理由で△として残し、②③は明らかに×なのでと進めていきます。ここは「ポジティブ＝人間性なのか？」と疑問をもつことができれば、国語力などで①を残せるはずです。

5 ナラティブアプローチ

ナラティブアプローチとは

　「ナラティブ（narrative）」とは、「物語」や「語り」のことである。「ナラティブアプローチ」は、クライエントと接する際に、相手の語る「物語」を通して、その人らしい解決法を見出していくアプローチ方法である。現在では医療やソーシャルワークなどの分野でも実践されている。

問題 1 (2018 年問 117)

　社会構成主義を基盤とする心理的支援について、正しいものを 1 つ選べ。
① 　当事者との会話を維持することではなく、変化を起こすことを目標にする。
② 　人間の活動が文化や価値観に根差しているという考えに基づいて支援を行う。
③ 　論理科学的モードとナラティブモードとの 2 つの基本的な思考パターンに分ける。
④ 　言語が現実を作り出すという視点から新たな社会意識を形成するという考えに基づいて支援を行う。

問題 2 (オリジナル)

　ナラティブアプローチにおける「無知の姿勢」について不適切なものを 1 つ選べ。
① 　「無知」とは心理職が常に、クライエントのことはクライエントに教えてもらう立場であることである。
② 　心理職がクライエントのことについては「自分は何も知らない」「もっとよく知りたい」「教えてもらう」という基本的な姿勢であること。
③ 　Goolishian. H と Anderson. H が提唱した。
④ 　ソクラテスの「無知の知」からヒントを得たとされる。

COLUMN

　ナラティブアプローチの考え方は、「社会構成主義（social construction-ism）」という考え方に基づいています。これは「現実は社会的に構成される」「言葉は世界をつくる」などの主張が特徴です。自分を取り巻く世界や現実をありのままに捉えて理解するものであるとする考え方を否定して、人は自分の持つ認識の枠組みや知識を使って世界を理解し、自分なりの意味を生成すると考える立場です。

解説&テクニック

問題1　正答②
①×　変化を起こせばよいわけではない。
②○　正しい。
③×　2つの思考パターンに分けない。
④×　新たな社会意識を形成するという考えではない。

　積極的に②を選ぶことは容易ではないので、消去法で進めていきます。「人は自分の持つ認識の枠組みや知識を使って世界を理解し、自分なりの意味を生成する」というコラムの内容が頭に入っていれば、③と④は×を付けられます。①は「変化」しか記載されていないことから△を付け、何も気になる点がない②を残します。

 点に差がつくミニ知識

　硬直した物語をドミナントストーリーといい、ナラティブアプローチ自体を再構成し、柔軟で新しい物語であるオルタナティブストーリーを作ります。

問題2　正答④
①②③○　適切である。
④×　ソクラテスの「無知の知」とは関係ないものである。

④で迷うかもしれませんが、いきなり「ソクラテス」が出てきたことに違和感を感じることが大切です。人は「全く知らない言葉」よりも「聞いたことがある言葉」に○を付けたがる傾向があるので、ここに引っかからないことが大切です。

2 心理学における研究

1 研究倫理

　研究倫理とは、臨床心理学のみならず、研究を実施していく上で、配慮しなければならない倫理上の行いである。例えば、いくら研究発展のためとはいえ、実験協力者に過度に負担をかける方法や、後遺症まで残ってしまう可能性がある方法などは倫理的にふさわしくないといえる。多くの学会が倫理規定を作成しているので、研究をする前に確認しておくことが望ましい。

COLUMN

　倫理規定を満たしているかの判断のために、臨床研究を実施する施設には倫理委員会の設置がなされます。倫理委員会とは実験協力者がいる実験が適切に計画、実行されるのかを判断する、独立した委員会です。臨床研究実施の可否、継続の可否について議論をします。

問題 1 （2018 年問 81）

　研究の目的を偽って実験を行い、実験の終了後に本来の目的を説明することによって、実験の参加者に生じた疑念やストレスを取り除く研究倫理上の行為として、正しいものを 1 つ選べ。

① 個人情報保護
② ディセプション
③ フィードバック
④ デブリーフィング
⑤ インフォームド・コンセント

　倫理委員会で審査される内容についての次の記述のうち<u>不適切なもの</u>を１つ選べ。

① 利益相反について
② 研究の科学的合理性
③ インフォームドコンセントの方法
④ ディセプションの方法
⑤ アカウンタビリティの適切さ

点に差がつくミニ知識

　ディセプションとは、実験協力者に対して違った情報を教えたり、大切な情報を隠蔽したりするなどして、本当は間違っている情報を「正しい」と思い込ませることです。社会心理学ではバイアスがかからないために、有力な研究手法として使用されてきました。

キーワード解説

　ディセプションは実験の最初に目的を伝えることによって、実験協力者に「構え」が生じることで、結果に影響が出ることを避けるための手続きです。
　ディセプションは研究倫理の面から批判を受け、その代替研究法が模索されてきました。アメリカ心理学会では、ディセプションを使用する研究に対して、インフォームドコンセントに基づく倫理基準を設定しています。

問題1　正答④

①×　社会全体での個人情報の適切な保護のことである。

②×　設問とは逆のことをディセプションと呼ぶ。

③×　査定の結果などをクライエントに説明することである。

④○　設問の内容をこのようにいう。

⑤×　治療などの前に同意を得ることである。

> この問題は基本問題なので、積極的に④を選びたいところです。もし④に自信がなかったとしても、①③⑤は概念が大きすぎるために、ここまで設問がピンポイントに記載されていることから、「怪しい」と思う勘を養いましょう。②は社会心理学でよく使われますが、臨床心理学領域ではあまり聞き慣れない方もいるのではないかと思うので、これを機に覚えておきましょう。

問題2　正答④

①○　利益相反についても透明性が審査される。

②○　適切な結果が期待されるか審査される。

③○　同意を得る方法や、その文章についても審査される。

④×　ディセプションは可能な限り避ける。

⑤○　説明の方法、内容も重要な項目である。

> ディセプションについて理解していると、比較的容易に解けると思います。倫理については文字通り「常識的に考えると」で解いていって大きく外れることはありません。明らかにおかしいものを積極的に×を付けていきましょう。

点に差がつくミニ知識

　タスキギー事件とは、アメリカのアラバマ州タスキギーにおいて1932年から1972年の40年間、政府の補助によって実施された臨床研究で、梅毒の無料治療を提供すると称し、アフリカ系アメリカ人の梅毒の自然経過を観察しまし

た。その際、研究参加者には正確な疾患名は伝えられず、そして 1947 年頃にはペニシリンが標準治療として確立していたにもかかわらず、研究参加者には経過観察が続けられました。結果として、死亡、配偶者間感染、先天性梅毒児の出産などが続きました。1972 年に報道によって事実が公になり、大きな問題となりました。これをきっかけにアメリカの国家研究法が成立し、「研究対象者保護のための倫理原則および指針」であるベルモントレポートが公表されました。

2 量的研究

　量的研究とは現象の量的理解（数量化し、それができないものは採用しない）を目指すものである。要素同士の関係や蓋然性（生起率や確率）で表現する。仮説の検証や予測を行う。代表的な方法として質問紙法、構造化面接、人工的環境における観察データの数量化とその分析、統計的検定などが挙げられる。

問題 1 （オリジナル）
　量的研究についての以下の記述のうち、不適切なものを 2 つ選べ。
① 実際に観察可能なものを扱う場合が多い。
② 実験し、統計的検定を実施することが多い。
③ 量的研究でなければ、正式な研究論文として扱われない。
④ 仮説の検証を行うことを主な目的とする。
⑤ 仮説の生成を主な目的とすることが多い。

問題 2 （2018 年問 43）
　乳児期の発達に関する心理学的研究手法について、正しいものを 1 つ選べ。
① 馴化―脱馴化法は、異なる刺激を次々と呈示し、乳児の関心の変化を確かめる。
② スティルフェイス実験は、他者との相互作用において、乳児がどれだけ無表情になるかを見る。
③ 選好注視法は、乳児に 2 つの視覚刺激を交互に続けて呈示し、どちらに対して長く注視するかを見る。
④ 期待違反法は、乳児が知っていることとは異なる事象を呈示して、乳児がどれだけ興味や驚きを示し、長く注視するかを見る。

解説&テクニック

問題 1　正答③⑤

①○　基本的な説明である。

②○　基本的な説明である。

③×　量的研究が多いのは事実だが、「正式な研究論文として扱われない」が×。

④○　量的研究は主に仮説の検証を目的とする。

⑤×　仮説の生成は質的研究で行うことが多い。

　　量的研究についての基本的な問題なので、確実に正解したいところです。③については、正式な研究論文として扱われなければ質的研究が成り立たなくなってしまいます。⑤については、質的研究との違いを押さえておきましょう。

 点に差がつくミニ知識

　他の問題でも出てきますが、上記の④⑤のように「選択肢に矛盾がある」問題は、どちらかが○もしくは×である可能性が非常に高いです。このような選択肢を見つけた際には、残りの選択肢は後回しにして、これらに注力することが合格への近道です。今回の場合は、不適切な2つのうちの1つは④⑤のどちらかである、と勘を働かせられると合格に近づけるでしょう。

 キーワード解説

　量的研究が相対的に多く実施されていますが、もちろん完璧ではありません。量的研究のデメリットとして、少数事例に対する研究ができないことや、数量化することが困難な変数は研究対象から無視されることが多いなどがあります。メリット、デメリットはシャッフルされて出題される可能性が高いので押さえておきましょう。

問題 2　正答④

①×　確かめたいのは関心の変化ではない。

②× 無表情になるのは乳児ではなく養育者の方である。

③× 交互に続けて呈示ではない。

④○ 正しい記述である。

> 　単に研究法の名前を知っているだけでは正答できず、詳細な方法まで覚えておく必要がある問題です。今後もこのレベルが出題される可能性があるため、研究者と実験方法に加え、どのようなことを検証したいのかまで押さえておきましょう。

 点に差がつくミニ知識 ────────────

　期待違反法とは、乳児が期待する状況（期待条件）と乳児が意外だと感じる状況（期待違反条件）を設定し、どちらの条件がより注視するかを測定する方法です。乳児が、通常起こり得ない不思議な事象や、自分の期待を裏切る事象への選択的な注視行動を行うことを活用しました。Baillargeon, R. らは実験により、乳児が「対象の永続性概念」をかなり早期から理解していることを示しました。

3　質的研究

　質的研究とは、数量で評価できない現象の質的理解や説明、あるいは解釈のことである。現象を説明するのに、データ（当人の会話や観察など）そのものに語らせるという特徴がある。

問題 1 (オリジナル)

　以下の中から、質的研究法の分析方法として不適切なものを１つ選べ。

① 修正版グラウンデッドセオリーアプローチ

② PAC 分析

③ KJ 法

④ エスノグラフィー

⑤ 構造方程式モデリング

観察法において、信頼性を確保するために観察者同士の一致度を表す係数として、正しいものを１つ選べ。

① κ係数

② α係数

③ δ係数

④ ω係数

⑤ χ係数

COLUMN

質的研究の代表的な方法として、フィールドワーク、観察、半構造化面接、非構造化面接、インタビューなどの方法が、代表的な分析方法としてはグラウンデッドセオリーアプローチなどがあります。

問題1　正答⑤

①○　代表的な質的研究法である。

②○　質的分析とクラスター分析を組み合わせ、研究者と研究協力者の対話を重視した、個人の態度構造を明らかにする研究法である。

③○　文化人類学者である川喜田二郎氏が考案した発想法であり、多種多様な情報を効率良く整理し、その課程を通じて新たなアイデアの創出や本質的問題の特定を行うことが可能である。

④○　エスノグラフィーとは特定の文化もしくは人間集団の生活様式を調査する方法である。

⑤×　演繹的にモデルを作成し、適合度を測定する量的研究法である。

> 消去法で解答することが近道です。質的研究法はあまり詳しくない受験生も多いですが、構造方程式モデリングはブループリントにも記載されている、典型的な量的研究法です。

点に差がつくミニ知識

エスノグラフィーは、実験者（観察者）が観察対象者の生活や業務に参加しながら調査することによって行われる形態です。必要に応じてインフォーマルなインタビューを行うこともあります。これは「参与観察」と呼ばれています。似た言葉として「関与しながらの観察」がありますが、これは全く違う概念です。前者は観察法、後者は治療面接場面でのものです。この違いを押さえておくことで、失点を防ぐことが可能です。

キーワード解説

観察法には、自然的観察法、実験的観察法と参加観察法があります。自然的観察法では、一度生起した事象を再び観察する際に長時間待たなければならなかったり、予期せぬ要因によって行動が影響を受けたりすることがあります。これらの短所を補うために、観察の精度を高める方法として実験的観察法が用いられま

す。自然な日常場面とかけ離れないよう留意が必要です。参加観察法は参加観察と非参加観察に分けることができます。観察の客観性を保つために、観察者自身は第三者として観察するのが一般的ですが、観察対象の中に参加しながら行う方法もあります。

問題 2　正答①

①○　Cohen の κ（カッパ）係数は観察者の一致度を示す指標である。

②×　α 係数は信頼性の中の一貫性を示す指標である。

③×　δ 係数という係数はない。

④×　ω 係数は α 係数と同様、信頼性の中の一貫性を示す指標である。

⑤×　χ 係数という係数はない。

> δ 係数や χ 係数といった「ダミー」の選択肢にひっかからないよう、この問題は積極的に①を選びたいところです。

 点に差がつくミニ知識

Cohen の κ 係数は複数の観察者の一致が偶然生じる確率を考慮し、それを除外して、さらに厳しく判断結果の信頼性を判断するものです。κ 係数が 0.75 以上になる場合に、そのデータは信頼性が高いと一般的には考えられます。

4　事例研究

事例研究とは、1 事例、または少数事例について、各事例の個別性を尊重し、その個性を研究していく方法である。臨床心理学研究では、一般性といっても普遍的法則の定立を目指すのではなく、特定の事例の現実を理解するために有効なモデルを構成することが目的となる。

COLUMN

　事例研究の問題点として、研究者の主観的なバイアスが入りやすいこと、また結果の普遍性に疑問が持たれやすいことが挙げられます。そのような問題点を補うために、エビデンスベースドアプローチがあります。エビデンスベースドアプローチは、従来の心理学に対する批判や社会的責任に対する疑問を乗り越えるものとして発展してきました。そして、事例研究とエビデンスベースドアプローチは対立するものではありません。エビデンスベースドアプローチもその根拠となるのは、個々の事例からなるデータベースであるため、相補的な関係といえます。

問題 1 (オリジナル)

事例研究についての以下の説明で、不適切なものを1つ選べ。

① 1つの事例、もしくは少数事例を扱って検討していく方法である。

② 具体的な事例に基づいているために、非常に説得力のある研究である。

③ 研究者の主観的なバイアスが入りやすいというデメリットが指摘されている。

④ 普遍的法則の定立を目指すのではなく、特定の事例の現実を理解するために有効なモデルを構成することが目的である。

問題 2 (オリジナル)

単一事例研究についての以下の説明で、不適切なものを1つ選べ。

① 行動分析学や応用行動分析で用いられることが多い方法である。

② 単一、もしくは少数の事例について介入の時期、効果を検証することが目的である。

③ 結果の妥当性を示すために、近年は Tau-U という指標も提唱されている。

④ 単一事例研究は、いかなる研究方法よりもエビデンスレベルが高いと考えられている。

解説&テクニック

問題1　正答②

①○　事例研究法の説明である。

②×　あくまで1つ、もしくは少数の事例を取り上げているために例外も多く考えられ、説得力は弱い。

③○　バイアスの問題とともに、普遍的ではないというデメリットがある。

④○　上述のように普遍的な法則を見出すのは事例研究では難しい。

　　基本的な問題なので、この問題を通じて基本を整理するとともに、国語力でも解答可能であることを再確認しましょう。

点に差がつくミニ知識

　行動分析や応用行動分析の領域では、単一事例実験デザインが用いられることも多いです。単一または少数の研究参加者に対して、介入（または独立変数の操作）を導入する前後で繰り返し効果測定を行い、介入前のベースライン期の測定値と介入導入後の一定期間の測定値を比較することで、介入と結果の変化の因果的な関係性を検討することです。

キーワード解説

　単一事例実験デザインには、ベースラインと介入期が一つのAB法、介入時期をずらして関数分析を行う多層ベースラインデザインなどがあります。研究の妥当性、倫理上の問題から、ABAB法が現実的には使用されることが多いです。

問題2　正答④

①○　単一事例研究の説明である。

②○　単一事例研究の説明である。

③○　重複率などから検討する方法である。

④×　「いかなる」方法よりも「高い」とはいえない。

③で「知らない、どうしよう」と考えてしまう方も多いのではないでしょうか。しかし、点をとるためには「知らない」ものはとりあえず△を付けて次に進み、明らかな×を探しにいきましょう。この問題では④は「いかなる」などの協調した言葉があるために、×にした方が良いと判断できます。

 点に差がつくミニ知識

治療効果検証の論文におけるエビデンスレベルは以下になります。

1a. ランダム化比較試験のメタ分析

1b. 少なくとも1つ以上のランダム化比較試験

2. 非ランダム化比較試験による

3. 分析疫学的研究（コホート研究）

4. 分析疫学的研究（症例対照研究、横断研究）

5. 記述研究（症例報告やケースシリーズ）

6. 患者データに基づかない、専門委員会や専門家個人の意見

とされている。

全て完璧に覚える必要はありませんが、1.と6.は押さえておきましょう。

5 統計学

統計学とは、平均値に差のあるデータの性質を調べたり、母集団から一部を取り出し、その標本の性質を調べることで、元の大きなデータの性質を推測したりするための方法論を体系化したものである。

COLUMN

心理職は「心」という見えないものを扱う以上、それを評価するためには数値化していくしかありません。統計学は必須の学問ですが、心理職は「数学者」ではありません。公認心理師試験に出題される統計学の問題には数式は出てこないと考えられます。概念がきちんとわかっているか（＝論文を読んだときに分析方法が理解できるか）が試されていると考えると良いでしょう。

問題 1 (2018 年問 113)

心理学研究で行われている統計的仮説検定において利用される有意水準の説明として、最も適切なものを 1 つ選べ。

① 帰無仮説が真であるとき帰無仮説を棄却する確率である。
② 帰無仮説が真であるとき帰無仮説を採択する確率である。
③ 対立仮説が真であるとき帰無仮説を棄却する確率である。
④ 対立仮説が真であるとき帰無仮説を採択する確率である。

問題 2 (2019 年問 80)

1 要因分散分析の帰無仮説として、正しいものを 1 つ選べ。

① 全ての水準の母平均は等しい。
② 全ての水準間の母分散は等しい。
③ 全ての水準の母平均は等しくない。
④ 少なくとも 1 組の水準間の母平均は等しい。
⑤ 少なくとも 1 組の水準間の母平均は等しくない。

問題 3 (2019 年問 7)

　量的な説明変数によって1つの質的な基準変数を予測するための解析方法として、最も適切なものを1つ選べ。

① 因子分析

② 判別分析

③ 分散分析

④ 重回帰分析

⑤ クラスター分析

問題 4 (2018 年追問 82)

　クロス集計表の連関の検定で利用される確率分布として、正しいものを1つ選べ。

① F分布

② t分布

③ 2項分布

④ 正規分布

⑤ カイ2乗分布

問題1　正答①

① ○　有意水準の説明である。

② ×　帰無仮説を採択すると、差がなくなってしまう。

③ ×　対立仮説は有意水準の説明には関与しない。

④ ×　対立仮説は有意水準の説明には関与しない。

> 　基本的な問題ですが、統計に苦手意識のある方が混乱してしまうこともあります。ポイントは（1）有意差の説明には帰無仮説しか関与しないこと、（2）棄却、採択後の解釈、についてです。この（1）（2）を押さえると、選択肢①しか残りません。

問題2　正答①

① ○　適切である。

② ×　分散ではない。

③ ×　「差がない」＝等しい。

④ ×　全てである。

⑤ ×　全てである。

> 　「帰無仮説＝差がない」ので、③⑤は×を付けられます。また、有意差が出た際に多重比較をするので、④も×を付けられます。残った①と②で比較しますが、分散分析＝「3群以上の平均値の差を比較」することを押さえていれば、①に○を付けられます。

 点に差がつくミニ知識

　帰無仮説は「差がない」、対立仮説は「差がある」と数式ではなく言葉で認識しましょう。研究では「差がある」と言いたいが、その場合、多くのケースを想定しないといけないので、便宜的に「差がない」を否定することで「差がある」というストーリーです。

「帰無仮説」＝「差がない」ので、「帰無仮説を棄却する」＝有意差がある。この流れを覚えておきましょう。しかしながら帰無仮説の棄却が100％正解であるとは限らないので、有意水準が設定されています。もし有意水準が5％であるならば、「帰無仮説を棄却することが間違っているかもしれないが、もしそうだとしても5％以内。よって意味がある差である」という流れです。

問題3　正答②

①×　因子分析なら「潜在的」「探る」などのキーワードがある。

②△　聞いたことがない用語は△をつける。

③×　分散分析は3群以上の差を見る。

④×　複数の量的な説明変数で1つの量的な基準変数を予測する解析方法である。

⑤×　クラスター分析ならば「デンドログラム」というキーワードがある。

> 　消去法で解いていきましょう。判別分析はそれほど有名ではないですが、その他の解析方法のキーワードを押さえていれば、②の判別分析が残ります。判別分析とは、重回帰分析の基準変数が質的なものをいいます。

問題4　正答⑤

①②④×　クロス集計表は用いない。

③×　結果が成功か失敗のいずれかである試行をn回行ったときの成功回数を確率変数とする確率分布である。

⑤○　クロス集計表を用いるのはカイ2乗分布である。

> 　心理職の試験で「クロス集計表」と出題されたら「カイ2乗検定」を積極的に選んで問題ありません。①②④は問題ないと思うので、2項分布について、この問題を使って覚えておきましょう。

3 心理学に関する実験

1 文献研究、引用

文献研究とは

　心理学に関する実験を行う際は、取り扱おうと考えているテーマに関して、これまでどのような研究が行われてきたのかを調べ、そこで得られた知見等をまとめた上で、これから自分が行おうとしている研究の位置付けや意義を明確にする必要がある。

　レポートで先行研究について言及する際は、いくつかの決まり事があり、それを満たしていないと「盗用」や「剽窃」の罪に問われる可能性がある。

問題 1 (オリジナル)

　先行研究の内容や記述を自分のレポート内で引用する際の条件として、<u>適切でないもの</u>を<u>2つ</u>選べ。

① 他人の著作物を引用する必然性が存在している。

② 著作物のタイトルや著者名など、出典や出所が明確にされている。

③ 直接引用の部分にかぎ括弧を付けるなど、自分の著作物と他者の著作からの引用部分とが明確に区別されている。

④ 自分の著作物が従であり、引用する著作物が主の関係になっている。

⑤ 直接引用を行う際は、元の著作に含まれている誤字等は正しい表記に訂正して引用する。

問題 2 (オリジナル)

　著作権に関する記述として、正しいものを<u>2つ</u>選べ。

① ウェブ上の辞典や事典、個人ブログの文章などは、誰でも自由にコピーして使用することができる。

② 他者が書いた文章を無断で使用し、それを公にした場合、著作権法違反として民事上の責任を負うことになるが、刑事罰の対象にはならない。

③ 他人が作成したレポートを、自分の名前で提出することは剽窃行為にあた

る。

④　著作権侵害罪に問われるのは、著作権者による告訴がある場合に限る。

⑤　過失により著作権を侵害した場合、刑事罰が科される。

 点に差がつくミニ知識（著作権法）──────────

　引用や出所の明示については著作権法で定められています。なお著作権は、著作物を創作した時点で自動的に発生するため、取得のための手続きは必要ではない点も同時に押さえておきましょう。

・引用について（第32条）

　公表された著作物は、引用して利用することができる。この場合において、その引用は、公正な慣行に合致するものであり、かつ、報道、批評、研究その他の引用の目的上正当な範囲内で行われるものでなければならない。

・出所の明示について（第48条）

　次の各号に掲げる場合には、当該各号に規定する著作物の出所を、その複製又は利用の態様に応じ合理的と認められる方法及び程度により、明示しなければならない。

問題1　正答④⑤

①○　正しい記述である。利用方法は「公正な慣行」であること、すなわち、自分の考えを補強するためなど、その著作を引用する「必然性」が必要である。

②○　正しい記述である。

③○　正しい記述である。

④×　引用は研究のための「正当な範囲内」である必要がある。正当な範囲内とはすなわち、引用される部分が「従」で、自ら作成する部分が「主」の関係にある分量ということを指すため、この記述は誤りである。

⑤×　直接引用では、先行研究の文章をそのまま使うのが基本であるため、この記述は誤りである。基本的には先行研究に誤字が含まれている場合も、そのまま転記する。その際は引用を行った者による転記の際のミスではないことを示すため「ママ（本文ママ）」という注を付ける場合もある。

> 　基本的な内容であり、常識の範囲内で解ける問題です。①②③の記述が正しいと判断できた時点で、④と⑤を選択することが可能でしょう。⑤の内容について少し迷うかもしれませんが、「直接引用を行う際は」と限定されていることがヒントになっています。間接引用の場合は誤字や脱字などを正しい表記にして引用することができますが、直接引用では一言一句そのまま抜き出すのが基本です。

問題2　正答③④

①×　「すでに存在する文章を、あたかも自分が書いたものであるかのようにして提出する」行為は「剽窃」にあたる。サイトの信頼性やその性質などは問題ではないため、官庁や企業のサイトでも個人のブログでも、その扱いは同じである。

②×　民事上の責任を負うほか、刑事罰の対象にもなり得る。

③○　正しい記述である。

④○　正しい記述である。著作権侵害罪は親告罪であるため（著作権法123条1項）、罪を問うためには著作権者による告訴が必要とされる。

⑤× 　著作権を故意に侵害すると 5 年以下の懲役又は 500 万円以下の罰金もしくはその両方に処せられるが、過失により著作権を侵害した場合は刑事罰は科されない。

　　著作権に関しての問題であるため、少し判断に迷うかもしれませんが、内容からして①が誤りであることと、③が正しい記述であることは素早く見抜きましょう。②に関しても違法コピーなど、ニュースに普段から触れるよう心がけておくことで判断の助けになるでしょう。

2 　実験

　心理学的事象に対して実験者が仮説を立て、その事象とそれを規定する要因、もしくはそれに影響を与えると予想される因子との間の関係を見出し、法則の確立を目指す一連の観察のことを実験という。実験は独立変数と従属変数との関係を明らかにすることが目的であるが、実験は偶然紛れ込む予測不可能な誤差の影響を受ける可能性があるほか、問題とされる因子以外の因子が絡んでくることも考えられるため、それらの統制をいかに行うかが大切になってくる。また実験には、条件の設定を等しくすれば誰でも追試が可能であることも必要とされる。

問題 1 (2018 年追問 119)
　心理学実験について、正しいものを 1 つ選べ。
① 　行動に及ぼす要因を明らかにするために実験者が操作する変数を独立変数という。
② 　剰余変数を統制するために、複数の実験者が入れ替わり実験を実施することが望ましい。
③ 　実験者の期待や願望が意図せずして振る舞いに表れ、参加者に対して影響を及ぼすことをホーソン効果という。
④ 　測定値が最大値に達することにより、説明変数の効果を検出する上で問題が生じることをキャリーオーバー効果という。

　心理療法の有効性の研究について、誤っているものを 1 つ選べ。

① 　介入期間が定められる。

② 　介入マニュアルが必要とされる。

③ 　単一の理論に基づく心理療法が用いられる。

④ 　クライエントが抱える多様な問題に焦点を当てる。

⑤ 　クライエントは無作為に介入群と対照群に割り付けられる。

解説＆テクニック

問題 1　正答①

①○　正しい記述である。実験者の側で制御できる変数を独立変数（independent variable）といい、これに対応して現れる反応量は従属変数（dependent variable）と見なされる。

②×　剰余変数を統制するためには、実験全体を通して同一の実験者が実験を実施することが望ましい。

③×　ホーソン効果は、参加者のモチベーションや思い込みが実験結果に影響を与えることを指す。実験者の期待や願望が意図せずして振る舞いに表れ、参加者に対して影響を及ぼすことを実験者効果（experimenter effect）という。

④×　キャリーオーバー効果とは、前の施行での判断がその後の施行での判断に影響を与えることをいい、系列（順序・持ち越し）効果とも呼ばれる。測定値が最大値に達することで、説明変数の効果を検出する上で問題が生じる現象は天井効果と呼ばれる。

> 　正しいものを選ぶ問いであるため、①が正しいことがわかれば、その後の選択肢に目を通す必要はありません。従属変数と独立変数は、心理学実験を行ったことがあるものであれば基本中の基本とも言える知識であるため、確実に正解したいところです。②についても、常識の範囲内で除去することが可能でしょう。③と④は効果の名称を覚えていないと正誤の判断がやや難しいですが、キャリーオーバーは宝くじなどでも耳にする単語であるため、「測定値が最大値に達する」ことではないだろうという推測をすることができるでしょう。

キーワード解説

ホーソン研究

　アメリカのウェスタン・エレクトリック会社のホーソン工場において、1924年から生産性に関する研究が行われました。当初は、照明の明るさや休憩時間の設定の仕方といった物理的な労働条件が工場の生産性に及ぼす影響を明らかにすることを目的としていました。しかし、最初の照明実験では、照明の明るさや暗さといった条件の変化にかかわらず、実験が進むにつれて一貫して生産性が上昇するという結果が得られました。1927 年からは産業心理学者の Mayo, E.（メイヨー）が中心となり、従業員の休憩時間や労働日数を変化させながら実験が続けられましたが、物理的な条件がどのように変化しても、生産性は向上し続けました。これは、実験者が実験期間中、従業員にしばしば意見を求めたり相談したりしていたことにより、従業員の間で、自分たちは特別な役割を果たしているのだという意識が生まれ、実験が進むにつれて仲間との連帯感も強まっていったことが原因として考えられています。

　このことから、独立変数の操作による影響ではなく、調査協力者が、実験者から選ばれた存在であり、評価されているのだと感じること（評価懸念）により、その反応に影響が出ることをホーソン効果と呼ぶようになりました。

問題2　正答④

①○　有効性について検討するのであれば介入期間を定める必要がある。

②○　条件を統制するためにもマニュアルは必要である。

③○　条件を統制するために理論は単一にすることが望ましい。

④×　多様な問題に焦点を当ててしまうと有効性の検討は難しくなる。

⑤○　有効性を検証するのであれば比較対照群が必要である。

　「心理療法の有効性の研究について」という問われ方をしていますが、「有効性の研究」をするために必要なことは何かを考えていけば常識の範囲で解くことができます。科学的視点から有効性を検証するのであれば、対象を無作為に統制群と実験群に分けることのほか、できる限り条件を統一し剰余変数を統制することが必要です。

 キーワード解説

　剰余変数とは、独立変数以外で従属変数に影響を与えていると考えられる変数のことです。心理学実験においては、この剰余変数をいかに統制するかが大切になります。剰余変数の統制の方法としては「剰余変数の除去」「剰余変数の一定化」「剰余変数の相殺」「無作為化」などがあります。

3 調査

調査法には大きく分けて**質問紙式調査法**と**面接調査法**がある。質問紙式調査法は、観察や実験では直接知り得ないようなデータの入手や、多数の対象者のデータを入手したい場合に適している。面接調査法は実験協力者と面接しながらデータを得る方法で、ある程度場面に合わせて臨機応変な対応が可能な点が特徴である。

問題 1 (オリジナル)

質問形式による調査法について、誤っているものを１つ選べ。

①　順位付けを求める型式の場合、対象の数が多い方が信頼度が高くなる。

②　諾否を求める型式の場合、「わからない」や「どちらとも言えない」の選択肢を入れておくのが望ましい。

③　自由記述形式の場合、記入が不完全になりやすい。

④　数個の選択肢の中からいくつかを選んでチェックさせる形式の場合、その配列によって調査協力者に暗示を与えたり、誘導になったりする場合がある。

⑤　数個の選択肢の中からいくつかを選んでチェックさせる形式の場合、「その他」の項目を入れておくのが望ましい。

問題 2 (オリジナル)

世論調査の方法のうち、ランダム・サンプリングが比較的困難であるものを１つ選べ。

①　集合調査法

②　郵送調査法

③　電話調査法

④　留置調査法

⑤　個別面接調査法

MMPI の実施と解釈について、正しいものを 1 つ選べ。

① 各質問項目には、5 件法で回答する。

② 追加尺度は、20 尺度開発されている。

③ F 尺度は、心理的防衛の高さを示している。

④ 第 5 尺度（Mf）は、性別により解釈基準が異なる。

⑤ 第 0 尺度（Si）と第 7 尺度（Pt）が 90 の場合は、精神的混乱状態と解釈できる。

解説＆テクニック

問題 1　正答①

①×　誤りである。順位付けを求める形式（ranking method）の場合、判断させる対象の数があまりに多くなると信頼度が低くなる。

②○　正しい記述である。

③○　正しい記述である。自由記述の場合、単に記号に丸を付けるよりも回答に時間や労力が必要とされるため、記入が不完全になったり、未記入になったりしやすい傾向がある。

④○　正しい記述である。基本的に調査協力者は、最初に提示された選択肢から目を通すと考えられるため、その配列の仕方や順序にも注意を払う必要がある。

⑤○　正しい記述である。選択肢はできるだけ全ての回答を含むよう、予備調査などを行って作成することが望ましいが、重要な要因を取りこぼしている可能性があるため、「その他」の項目と、その内容を書いてもらう欄を設けておくことが望ましい。

質問紙形式の調査法に関する知識がなくても、記述された内容について想像力を働かせることで正答を導くことが可能な問題です。例えば①については、2 つのものに優劣（順位）を付けるのであれば迷わず正確にできるとしても、200 個項目が提示されたとしたら、その順位付けにかかる労力は跳ね上がり、また判断の精度も鈍るであろうことは想像に難くないはずです。

問題2　正答①

①○　正しい。調査協力者を同じ場所に集め、調査票を配布して一斉に調査を行う方法で、実施中の条件を一定にでき、時間や経費が節約できる利点がある一方で、ランダム・サンプリングにはなじまないという欠点がある。

②×　調査票を郵送し、一定期間の間に返送してもらう方法である。郵送対象者を決定する時点でランダム・サンプリングが可能である。

③×　電話で質問しながら回答を収集する方法である。迅速に実施でき、あまりコストもかからない一方で、複雑な調査や長い調査は難しいことや拒否が多くなるなどの欠点がある。対象者を決定する時点でランダム・サンプリングが可能である。

④×　調査員が被調査者のもとを訪ねて調査票を渡し、一定期間後に再び訪問して調査票を回収する方法である。対象者を決定する時点でランダム・サンプリングが可能である。

⑤×　調査員が被調査者のもとを訪ね、質問しながら回答を収集する方法である。信頼性と回収率が高いものの、金銭的なコストがかかるという欠点がある。対象者を決定する時点でランダム・サンプリングが可能である。

　この問題も、特別な知識がなくても正答を導くことが可能です。集合調査法の意味が分からない場合でも、電話や郵送、個別といった方法であれば、その対象を選ぶ際にランダム・サンプリングを行うことが可能であることは想像できます。「留置調査法」の意味が分からない場合でも、せめて①か④かというところまでは選択肢を絞りたいところです。

 キーワード解説

ランダム・サンプリング

　調査においては、調査対象となる母集団の決定とその標本の抽出方法の選択が重要です。母集団の全員を対象とする調査は悉皆調査と呼ばれますが、通常の調査では母集団の中から一部を抽出して全体の値を推定するのが一般的です。客観的な基準で標本を母集団に近づける手段の一つにランダム・サンプリング（無作為抽出法）があります。

問題3　正答④

①×　基本的には「当てはまる（True）」か「当てはまらない（False）の2件法で回答するが「どちらともいえない（Cannot Say）」という回答も許容されている。

②×　追加尺度は数百存在している。

③×　F尺度は頻度尺度である。

④○　第5尺度のMfは「男性性・女性性」に関する臨床尺度。正しい記述である。

⑤×　第0尺度（Si）は「社会的内向性」、第7尺度（Pt）は「精神衰弱、強迫神経症」に関する臨床尺度である。

　MMPIとは「ミネソタ多面的人格目録」のことです。知識があるのが望ましいですが、知らない場合でも諦めずに選択肢をよく観察しましょう。「尺度」「5件法」「心理的」「精神的」といったキーワードから、心理に関する検査尺度であることが推測できます。また（Mf）（Si）（Pt）といったアルファベットはそれぞれ第5、第0、第7となっていることから、数字の大小に対応してABC順に並べられているわけでもないことがわかります。そうなるとそれぞれの2文字のアルファベットは尺度の内容を示したものであると考えるのが妥当でしょう。このように推理を進めていき、（Mf）がMaleとFemaleであろうということに気づくことができれば、正答にたどり着けます。

4 観察

問題 1 (2018 年問 83)

　観察法において、観察対象者に起こりそうな行動の一覧表を用意し、観察結果を記録する方法として、正しいものを１つ選べ。

① 日誌法
② 行動描写法
③ 行動目録法
④ 場面見本法
⑤ トランスクリプト

問題 2 (2018 年追問 81)

　心理学研究における観察法について、最も適切なものを１つ選べ。

① 生態学的妥当性が低い。
② 因果関係を見い出すのに適している。
③ 観察者のバイアスが入り込みやすい。
④ 目的に関連する言動だけを効率的に取り出し定量化できる。
⑤ 現象をあるがまま見ることを基本とし、状況に手を加えない。

 点に差がつくミニ知識

　観察法には大きく分けて自然的観察法と実験的観察法の２種類があります。自然観察法は、条件の統制などを行わず、自然に生じる行動や事象を観察し記録する方法で、仮説を立てる前の段階で、問題点の発見などのために用いられる手法です。一方実験的観察法は、仮説検証の目的を持ち、観察場面に操作や統制を加えることで、目標となる行動を生じさせ、それを観察する方法です。

　なお、自然的観察法の中にも下の表のように、いくつかの種類があります。

自然的観察法の種類と特徴

日常的観察法	日常生活の様子を観察する。観察室などは利用しない。
組織的観察法	目的を明確にし、観察場面を選択して科学的記録法を用いて観察する。
参加観察法	研究者が実験参加者のグループに参加しながら観察する。

解説＆テクニック

問題 1　正答③

①×　問題文の中に、日誌をつけることに関する記述はない。

②×　「行動」という言葉が入っているため迷うかもしれないが、説明の中に「描写」に関する記述はない。

③○　正しい記述である。目録とは「内容を挙げて連ねたもの」であることを知っていれば、行動の一覧表はすなわち目録のことだと分かるはずである。

④×　場面見本法とは、ある特定の場面を選んで観察する、組織的観察法の標本抽出の方法の一つである。説明の中に、場面に関する記述はない。

⑤×　トランスクリプトとはICレコーダーなどで記録した面接の内容など、音声を文字に起こした資料のことをいう。記録する方法ではないため、この選択肢は誤りである。

> 「行動の一覧表」という記述がキーワードであることを見抜くことが大切です。しっかり日本語の意味を考えながら解答しましょう。それさえできれば、観察法の名称に関する知識がなくても常識の範囲内の知識で解くことができる問題です。シンプルであるが故に逆に迷ってしまうかもしれませんが、他の選択肢の名称が不適切であることから、③以外の選択肢は排除できるでしょう。

問題 2　正答③

①×　観察法の種類と方法によっては、必ずしもそうとは言い切れない。

②×　観察法は理解を深めたり、法則性を見出したりするのに適している。

③○　正しい記述である。そのため、複数人で観察を行ったり、ビデオやICレコーダーを用いて何度も再生しながら記録や分析をするなどの工夫が必要とされる。

④×　観察すべき言動が生じるのを待たなくてはならないため、「関連する言動だけを効率的に取り出」すことは難しいと言える。

⑤×　観察法のうち実験的観察法では、観察場面に何らかの操作や統制を加え、目標となる行動を生じさせる。

5 結果

問題 1 (2018 年追問 136)

　プライム刺激とターゲット刺激の意味的関連性によるプライミング効果について検討する目的で、語彙判断課題を用いた実験を行った。意味的関連がある（SR）条件の方が意味的関連がない（UR）条件よりも語彙判断の反応時間が短くなることを仮説とした。以下は論文における「結果」についての記述の一部である。

　「プライム刺激とターゲット刺激の意味的関連がある（SR）条件と意味的関連がない（UR）条件別に、語彙判断の反応時間の平均と標準偏差を算出した。SR条件では $M = 620$、$SD = 100$、UR 条件では $M = 640$、$SD = 100$ で統計的に有意であった。このことからプライミング効果が認められたといえる。」

　この論文における「結果」の記述の問題点として、最も適切なものを 1 つ選べ。
① 刺激材料についての記述がない。
② 実験手続についての記述がない。
③ 文章が過去形で記述されている。
④ 適切な統計記号が使われていない。
⑤ 有意差を示す統計量の記述がない。

問題 2 (オリジナル)

　心理学実験における結果の報告に関して、正しいものを 1 つ選べ。
① 結果の報告をする際は、行った実験のすべての条件を報告するのではなく、仮説を説明するのに適した部分のみを抜粋して記載することが望ましい。
② 分析後の結果を見てから、調査開始前に想定していた仮説とは別の仮説を作り出し、当初の予測通りの結果が得られたかのように報告することを p hacking という。
③ 「結果」では、どのような流れで分析を行ったのかについて順を追って記載する。
④ 帰無仮説が正しかったにもかかわらず、それを棄却してしまうことを第二種過誤（タイプⅡエラー）という。
⑤ 「残念ながら」や「期待した通りに」など、主観を交えてわかりやすく記述する。

解説＆テクニック

問題 1　正答⑤

①× 実験の再現が可能になるように、使用した刺激材料についてできるだけ詳細に記述しておく必要があるが、刺激材料について記載すべき箇所は「結果」の部分ではなく「方法」の部分である。

②× レポートでは実験手続きについての報告も必要であるが、実験手続きについて記載すべき箇所は「結果」ではなく「方法」の部分である。

③× 結果は過去形の文章で記述するのが基本である。

④× 平均値は M、標準偏差は SD で表される。記載されている統計記号に特に問題はない。

⑤○ 両群の平均値や標準偏差だけでなく、分析に用いた検定や、有意差を示す統計量の記述や有意確率を明記することが必要である。「統計的に有意であった」という説明だけでは不十分であるし、どの値がどのように有意であるのか説明されていないため、文章の不自然さからいっても、この選択肢が一番適当であるといえる。

> 「『結果』についての記述の一部である」ということがこの問題のヒントになっています。①や②に書かれている内容自体は確かにその通りなのですが、「結果」には何を書くべきであるかということを考えれば、これらが適当でないことがわかるでしょう。

問題 2　正答③

①× 行った実験のすべての条件を報告せず、都合のいい部分だけを選択的に記載したり分析の対象としたりすることは QRPs（questionable research practices）といい、現在多くの心理学雑誌や学会で、それらをできるだけ避けるよう、投稿規定などの中で強く勧告する項目を設けている。「のみ」という表現にも注意を払いたい選択肢である。

②× 結果を見てから自分にとって都合のいい仮説を作り出すことを HARKing（hypothesizing after the results are known）という。"p" が p 値であることが見抜ければ、記述された行動は p 値と関係しないものであることもわかるであろう。

③〇　正しい記述である。

④×　第二種過誤は、帰無仮説が誤りであったにもかかわらず採択してしまうことをいう。帰無仮説が正しかったにもかかわらず、それを棄却してしまうことは第一種過誤という。

⑤×　特に「結果」において、主観を交えた記述の仕方は望ましくない。

　　正しい選択肢を1つ選ぶ問題であるため、③が正しいことが見抜ければその他の選択肢について検討する必要はありません。④は間違いやすいですが、①②⑤はその内容からしても望ましくない行動であることが分かるため、素早く選択肢から除去できることが望ましいです。

 キーワード解説（第一種過誤と第二種過誤）────────

　統計的検定を行う際、まず最初に立てられる仮説を帰無仮説と呼び、帰無仮説が棄却された際に採用される仮説を対立仮説と呼びます。統計的検定を行う際は、帰無仮説を棄却することによって求める結論を得ようとするのが一般的です。

　しかし、検定において、帰無仮説が正しいにも関わらず、誤って棄却してしまう危険を「第一種過誤」といいます。また、帰無仮説を採択することが誤っている場合を「第二種過誤」といいます。また標本数が一定の場合は検定を行う際、第一種の危険を小さくすると第二種の危険が増すという性質があります。

4 知覚及び認知

1 知覚

　知覚とは、生活体が感覚受容器を通して、周りの世界や自分の内部で起こっていることをキャッチし、それに基づいて外界の出来事や自分自身の状態などについて知ること、またはその過程のことを指す。基本的には目や耳など、感覚受容器の働きを通して知覚がなされるが、その処理の段階においては心理的なものも影響するため、必ずしも現実の状況が各個体に正確に知覚されているとは限らない。

問題 1（オリジナル）

　知覚に関する記述として最も適切なものを1つ選べ。

① 赤外線には熱作用があるほか、赤い色をしており、目で捉えることができる。

② 同じ重さで体積の異なる物体を手のひらに乗せると、体積の大きい方が小さい方よりも軽く感じられることを、シャルパンティエの錯覚という。

③ 児童を対象とした実験の結果、裕福な家庭の子どもの方が貧しい家庭の子どもより、コインの大きさを過大視することが示された。

④ 暗室の中で静止している光点を注視していると、その光点が動いて見える現象を運動残効という。

⑤ 頭を動かさずに見ることのできる範囲のことを視野といい、頭を動かして見える範囲の角度のことを視角という。

問題 2（2018 年問 150）

　Müller-Lyer 錯視の図形に関して、矢羽根（斜線）の角度が錯視量にどのように影響を与えるのかを調べるために実験を行うことになった。矢羽根が内側に向いた内向図形を標準刺激、矢羽根が外側を向いた外向図形を比較刺激とし、この2つの刺激を接するように横に並べて呈示する。標準刺激の主線（水平線分）の長さは90mm、比較刺激の主線の長さは可変、標準刺激も比較刺激も矢羽根の長

さは 30mm、矢羽根の角度は 15°、30°、45°、60° とした。実験参加者は標準刺激の主線の長さと主観的に同じ長さになるように、比較刺激の主線の長さを調整する。

　この実験を行う方法として、正しいものを 1 つ選べ。

① 標準刺激の位置を左に固定する。

② 矢羽根の角度が異なる刺激をランダムに呈示する。

③ 主線の太さを矢羽根の角度によってランダムに変化させる。

④ 図形の背景の色を矢羽根の角度によってランダムに変化させる。

解説＆テクニック

問題 1　正答②

①×　赤外線は可視光線の範囲より長い波長を持ち熱作用を持っているが、ヒトの目で見ることはできない。

②○　正しい記述である。

③×　貧しい家庭の子どもの方がコインの大きさを実際の大きさよりも大きいものだと知覚した。これは、対象者にとって価値の高いものは知覚的に選択されやすく、また強調されやすいという現象で、知覚的促進という。

④×　この現象は自動運動（autokinetic movement）という。運動残効は、川の流れなどをしばらく見続けてから周りの風景に目を向けると、見続けていた運動方向とは逆方向に景色が動いて見えることをいう。

⑤×　視野とは、眼球を動かさずに見ることができる範囲のことであり、視角とは頭を動かさずに眼球だけを動かして見える範囲の角度のことをいう。

> 用語に関する問題も含まれているため、知識がないと判断に迷う部分もありますが、常識の範囲内で対応可能な選択肢も含まれています。例えば③の知覚的促進などは、同じ値段であっても経済的に恵まれている家庭の子どもの方が、その価値を比較的小さめに見積もるであろうことは想像できます。また、⑤に関しても、「視野が狭まる」という言葉が示す状況を思い浮かべることができれば、「頭を動かさずに見る」すなわち目を左右上下に動かして見える範囲が視野ではないということに気づくことができるはずです。

問題 2　正答②

①×　標準刺激の位置は左右それぞれ行わなくてはならないため、どちらか一方に固定することは正しい方法とは言えない。

②○　正しい記述である。

③×　主線の太さを角度によってランダムに変化させることは、矢羽根（斜線）の角度が錯視量にどのように影響を与えるのかを調べるための実験としては不要な手続きである。

④×　背景の色をランダムに変化させることは、矢羽根（斜線）の角度が錯視量にどのように影響を与えるのかを調べるための実験においては不要な手続き

である。

Müller-Lyer 錯視についての知識があることが望ましいですが、問題文に示されているヒントを用いることで、対応可能な問題です。ポイントとなるのは「矢羽根（斜線）の角度が錯視量にどのように影響を与えるのかを調べるために」という、この実験の目的部分であり、これに気づくことができれば、この実験で操作を加えるべき要因は②の角度以外にはありえないことがわかると思います。

 キーワード解説 ─────────────────────────────

知覚の恒常性

　遠くに小さく見えていた木の方に歩いて行って、夕方になってようやくその大木の根元にたどり着いた時、網膜像としての木は次第に拡大し、また木の色も暗くなっていったはずだが、歩くにつれて木が巨大化し、色が濃くなっていったようには知覚されないように、自分からの距離やその場の明るさ、角度などによって物の見え方は変化するものの、その物の構造や性質は不変のものとして知覚されることを、知覚の恒常性または恒常現象といいます。環境条件の変化や自分の体の動きによって感覚器に入力される刺激の特性が変化しても、世界を安定したものとして認識することができるのは、この働きによるものです。これらのことから、我々の知覚は近刺激のみに依存しているのではなく、状況など、その他の情報も含めた総合的な情報処理によってもたらされているのだということが明らかになっています。

2 感覚

　一般に知覚とは感覚受容器を通して外界および自己の状態を感知することであると定義されるのに対し、感覚とは刺激によって感覚受容器が興奮し、インパルスが中枢に伝達されるという感覚系の活動過程に注目された場合に用いられる用語である。

問題 1 (オリジナル)

感覚について、<u>誤っているもの</u>を<u>2つ</u>選べ。
① 「刺激閾」または「絶対閾」とは、感覚を生じうる下限の刺激量のことである。
② 刺激の増大によって感覚の増大が生じなくなる刺激量のことを「刺激頂」という。
③ 「弁別閾」とは感知しうる最大限の刺激量の差異のことである。
④ ウェーバーの法則は、刺激水準に比例して弁別閾が増大することを表したものである。
⑤ 視覚に関して、時間とともに光に対する感度が高まっていく過程を「明順応」という。

問題 2 (オリジナル)

ウェルトハイマーによる群化の要因の説明として、<u>誤っているもの</u>を<u>1つ</u>選べ。
① 「よい連続」とは、共通の規則性を持ったものがまとまることを指す。
② 「よい形」とは、簡潔な形をなすものがまとまることを指す。
③ 行動に類似性があるものがまとまることを「共通運命」という。
④ 「類似性」とは他の条件が等しければ、類似した性質のものがまとまることをいう。
⑤ 「近接」とは、他の条件が等しければ距離の近いもの同士がまとまることをいう。

100g の重さの知覚における弁別閾を測定したところ 10g であった。このときに予測される 400g の重さの知覚における弁別閾として、正しいものを 1 つ選べ。

① 2.5g

② 10g

③ 13.01g

④ 20g

⑤ 40g

 キーワード解説 ─────────────────────

図と地

Rubin, E.J.（ルビン）は視野の中に非等質性が生じて異質な 2 領域が形成されたとき、そこに形として浮き上がって見える「図」と形を持たない背後の領域としての「地」が成立することを明らかにしました。このように、視野が図と地に分化することが、ものの知覚の成立の基本です。

なお、他の条件が等しい場合「図」になりやすいのは①閉じた領域②狭く小さい領域③シンメトリーをなす領域④幅が等しい領域⑤垂直や水平の方向に広がる領域などです。また、千鳥格子や市松模様のように、図になりやすさの程度に差が無い 2 種類の領域が隣接していると、図地反転の現象が生じることが知られています。

問題1　正答③⑤

①②○　正しい記述である。

③×　誤りである。感知しうる最小限の刺激量の差異を「弁別閾」または「丁度可知差異」という。

④○　正しい記述である。たとえば40キロのものが45キロになって初めて「重くなった」ことに気づくとすると、100キロのものが105キロになっても「重くなった」と気づくことはできず、それよりもっと重くしないと弁別できない。

⑤×　誤りである。目が暗さに慣れ、光に対する感度が高まっていく過程を「暗順応」といい、逆に明るさに慣れていく過程を「明順応」という。

　誤りを探す問いであるため、判断できないものは一旦保留とし、確実に間違いであると言える部分を積極的に探す作業が求められます。用語に関する知識を問う選択肢もありますが、常識の範囲内でもある程度の対応は可能です。⑤は「光に対する感度」とあるので「明」の字が対応すると考えてしまうかもしれませんが、光に対する感度が高まるというのは、すなわち暗い部屋の中でわずかな光を捉えられるようになるということであると気づけるかどうかがポイントです。また刺激閾や弁別閾といった用語も、この機会に覚えておきましょう。

問題2　正答①

①×　誤りである。「よい連続」とは、なめらかな連続をなすものがまとまることを指す。

②③④⑤　正しい記述である。

　文章の意味を着実に捉えていけば、知識が無くても消去法で対応可能な問題です。見慣れていないと③の共通「運命」という言葉が引っかかるかもしれませんが、それよりも①の「連続」と「共通の規則性」という、意味の微妙な食い違いの方が見過ごせないことに気づけるとよいでしょう。

　なお、群化の要因については実際の図を見ながら一度確認しておくとよいでしょう。

問題 3　正答⑤

> 重さが 100g の際の弁別閾が 10g なら、重さが 4 倍になった際の弁別閾も 4 倍になると予想できます。したがって、10g×4＝40g で⑤が正答です。

3　脳機能測定

脳機能測定とは、生体の脳内の活動を測定することであり、それを行うことで脳内の各部位が生体の知覚や認知にどのように関わっているかを検証することができる。脳機能を測定する方法としては、脳波、脳磁図、機能的磁気共鳴画像、近赤外分光法などを用いるのが一般的である。

問題 1（オリジナル）

脳機能測定に関する説明として、<u>誤っているもの</u>を 1 つ選べ。
① 脳機能イメージングにより、特定の脳領域の活動が特定の行動の生起に不可欠であることを示すことができる。
② EEG（electroencephalography）は脳活動によって生じる微弱な電流を測定する方法である。
③ MEG（magnetoencephalography）では、ビオ・サバールの法則に従って生じる微弱な磁場変化を高感度磁気センサによって測定する。
④ 脳活動に関連した血流動態反応を視覚化する手法としては fMRI や NIRS がある。

問題 2（オリジナル）

脳機能測定に関する説明として、<u>誤っているもの</u>を 1 つ選べ。
① 脳波計は、脳活動における電位変化を捉えるものである。
② fMRI は脳における血流変動を捉えるものである。
③ NIRS の欠点として、大きな騒音が発生することが挙げられる。
④ 刺青を入れている者は熱傷の危険があるため、fMRI 実験には参加しないことが望ましい。

解説＆テクニック

問1　正答①

①× 脳機能イメージングによって捉えられるのは、刺激や行動と神経活動の相関である。特定の脳領域の活動が特定の行動に不可欠であることを示すためには、特定の脳領域が正常に機能しないとその行動が生起しないことが示される必要がある。

②○ 正しい。EEG（electroencephalography）とは脳波のことである。

③○ 正しい。MEG（magnetoencephalography）とは脳磁図のことで、EEGと同様に錐体細胞の興奮性シナプス電位が計測されると考えられている。

④○ 正しい。fMRI（functional magnetic resonance imaging）とは機能的磁気共鳴画像のこと、NIRS（near-infrared spectroscopy）とは近赤外分光法のことである。

> 　誤っている選択肢を選ぶ問題ですが、専門用語が多く含まれているため知識がないと正答にたどりつくことが困難です。「EEG＝脳波」程度の知識があれば、とりあえず②だけでも選択肢から除外することが可能ですが、それも分からなければ諦めるしかありません。こうした専門用語や専門知識が必要とされる問いのうち、提示された英語の正式名称からそれが示す内容が推定できそうあれば、できる限り推測すべきですが、正式名称からもその内容が推定できないような問題の場合、考えても時間の無駄なのでとりあえずくよくよ考えずにどれかを素早く選択し、気持ちを切り替えて次の問題に移るよう心がけましょう。

問題2　正答③

①②○ 正しい記述である。

③× 騒音が生じないのが NIRS の利点の一つである。MRI や fMRI では大きな騒音が発生する。

④○ 正しい記述である。強力な磁場を用いて撮像するため、磁性体や電気伝導体を実験室に持ち込むことは、吸着事故や熱傷の原因となる可能性がある。金属類の他、カラーコンタクトやアートメイク、化学繊維が使用されている下着などにも注意が必要とされる。

問題１と同様に知識が必要とされる問題ですが、刺青を入れているとMRIが撮れないということを、ニュースなどで目にしたことがあれば④は選択肢から外すことが可能です。また、MRIを経験したことがあれば、大きな騒音が発生するのはMRIであることがわかるので③は怪しいということに気づけると思います。①についても、この程度の知識はぜひこの機会に身につけておきましょう。

4　記憶の種類

　記憶の種類には様々な分類がある。例えば保持時間の観点から長期記憶と短期記憶に分類されたり、その内容から顕在記憶（宣言的記憶）と潜在記憶（非宣言的記憶）に分類されたり、その記憶のされ方の特徴から機械的記憶と論理的記憶という分類がなされることもある。長期記憶の中にも様々な分類があるため、記憶の種類とその特徴について基本的な部分は整理して理解しておきたい。

問題 1 (2018 年追問 24)

　記憶について、正しいものを１つ選べ。
① 　エピソード記憶は反復によって記憶される。
② 　長期記憶の保持には側頭葉や間脳が関わる。
③ 　短期記憶は一次記憶とも呼ばれ、数時間保持される。
④ 　運動技能や習慣などに関する記憶は意味記憶と呼ばれる。
⑤ 　自分の名前のように生涯保持される記憶は二次記憶と呼ばれる。

問題 2 (2018 年問 84)

　長期記憶について、正しいものを１つ選べ。
① 　宣言的記憶〈declarative memory〉は手続的記憶とも呼ばれる。
② 　意味記憶〈semantic memory〉は時間的文脈と空間的文脈とが明確な記憶である。
③ 　エピソード記憶〈episodic memory〉は一般的な知識としての事実に関する記憶である。
④ 　顕在記憶〈explicit memory〉と潜在記憶〈implicit memory〉とは記銘時の意識の有無によって分けられる。
⑤ 　非宣言的記憶〈nondeclarative memory〉は技能・習慣、プライミング及び古典的条件づけの３つに分けられる。

プライミングについて、正しいものを1つ選べ。

① 間接プライミングは、主にエピソード記憶研究で用いられる。

② 直接プライミングは、先行情報と後続情報の間に意味的関連性が強い場合に生じる。

③ プライミングは、絵などの画像刺激では生じず、単語などの言語刺激のみで生じる。

④ プライミングには、先行情報が後続情報の処理を促進するだけでなく、抑制する場合もある。

⑤ プライミングは、先行情報が閾下呈示された場合は生じず、閾上呈示された場合のみで生じる。

解説&テクニック

問題1　正答②

①× エピソード記憶は1回限りの具体的経験についての記憶であるため、反復して経験することは不可能である。

②○ 長期記憶の保持に関わる代表的な部位として、側頭葉内側部、間脳（視床）、前脳基底核（海馬）などが挙げられる。

③× リハーサルなどの処理を受けなかった短期記憶は、通常15秒から30秒程度で消失される。

④× 意味記憶とは、時間的文脈や空間的文脈と関係しない、一般的な情報に関する記憶のことである。

⑤× 二次記憶は長期記憶とも呼ばれ、その中でも宣言的記憶（顕在記憶）と非宣言的記憶（潜在記憶）に分けられる。長期記憶は、長期間保持される記憶であるが、自分の名前は必ずしも生涯保持されるとは限らず、また、生涯保持される記憶であるという条件は、二次記憶の定義と必ずしも一致しない。

　記憶に関する基本的な単語の知識があることが望ましいですが、単語の知識がなくてもその意味から推測してある程度対応することも可能な問いです。エピソード記憶は出来事に関する記憶であるため、反復によって記憶されるという①の文章は不自然ですし、短期記憶は「短期」と名付けられてい

るのに「数時間」保持されるという③の文章も不自然です。また、④の「運動技能や習慣」は明らかに「意味」とは異なる性質を持っていることもわかるはずです。長期記憶の保持をつかさどるのは海馬であるため、知識があるものにとって②は真っ先に除外される選択肢であるものの、仮にその知識が無い場合は②か⑤かで迷うかもしれません。ただ、脳の部位とそれらがつかさどる機能は覚えておくべき知識であるため、この機会にしっかり押さえておきましょう。

問題2　正答⑤

①× 　手続き記憶とは行動的技能や認知的技能などの一連の手続きに関する記憶で、これを使用するとき、必ずしも意識化されないという特徴があり、非宣言的記憶である。

②× 　意味記憶は時間的文脈や空間的文脈と関係しない、一般的な情報に関する記憶である。

③× 　エピソード記憶は時間的文脈と空間的文脈とが明確な記憶である。

④× 　顕在記憶と潜在記憶と記銘時の意識の有無によって分けられるわけではない。

⑤○ 　正しい記述である。

 キーワード解説（長期記憶の分類） ──────────

　長期記憶の中にも色々な種類があり、その内容によって顕在記憶（宣言的記憶・陳述記憶）と潜在記憶（非宣言的記憶・非陳述記憶）とに分けることができます。顕在記憶はその内容を、文字やイメージとして直接的かつ具体的に陳述することができるのに対し、潜在記憶はその内容を文字やイメージで直接的に陳述することができないという特徴があります。

顕在記憶 （宣言的記憶・陳述記憶）	エピソード記憶	いつ、どこであったかはっきりしているような、一回限りの具体的経験についての記憶。その出来事を経験したという事実と、それがいつ、どこで、どのような時に起こり、それについて自分がどのように感じたか、など、様々な情報が付随して記憶されるのが特徴。

	意味記憶	時間的文脈や空間的文脈と関係しない、一般的な情報に関する記憶で、言語とその意味や社会的な決まりごとなど、様々な経験を積み重ねることでできる記憶で、いつどこで獲得したかといった付随的な情報は伴わない。
潜在記憶 （非宣言的記憶・非陳述記憶）	古典的条件づけ	梅干しという単語を見ただけで唾液が出るなど、経験の反復や訓練によって、刺激との間に新しい反応が形成されること。
	プライミング	刺激の先行呈示もしくは以前の経験により、記憶に貯蔵されている情報の利用可能性や検索可能性が増大し、後に経験する対象の同定が促進または抑制されること。
	手続き記憶	運動学習、技術学習、知覚学習など、同じ経験を反復することによって形成される。自転車の乗り方やリボンの結び方など、一度形成された後は自動的に機能し、長期間使われなかったとしても比較的失われにくいという特徴がある。
	非連合学習	一種類の刺激に対する学習で、同じ刺激が繰り返されることによって慣れが生じて反応が弱まったり、積み重ねによって反応が強まっていったりすること。

問題3　正答④

①× 間接プライミングとは、プライム刺激とターゲット刺激が同一でないプライミングのこと。宣言的記憶研究ではなく、非宣言的記憶研究で用いられる。

②× 先行情報と後続情報の間に意味的関連性が強い場合に生じるのは間接プライミングである。

③× プライミングは言語刺激だけでなく画像刺激でも生じる。

④○ 正しい。

⑤× 本人が意識できないほどの一瞬の呈示であっても、プライミング効果が生じることが確認されている。

　「プライミング」について知識が無くても、常識の範囲内で回答を導き出せます。選択肢の内容から「プライミング」には直接的なものと間接的なものがあり、絵や単語などが用いられることがわかります。prime という英単

語や「先行情報」というキーワードからも、「プライミング」とは先に呈示された情報がその後の情報の処理に影響を及ぼす現象のことであると予想がつくでしょう。ここまで推理できれば、日常生活における類似状況を思い出すことで、③や⑤を除外するのは比較的易しく、またその流れで④が正しいことも導き出せます。

5 記憶の特徴とメカニズム

　目や耳から入力された情報がどのようにして長期保存され、どのように再生されるのかについて、チェックしておこう。また、問題を解きながら、様々な記憶の特徴とそのメカニズムについて押さえていってほしい。

問題 1 (2018 年問 6)
　記憶の実験によって示される系列位置効果について、正しいものを1つ選べ。
① 初頭効果は、学習直後に遅延を置くと消失する。
② 系列再生法を用いた記憶の実験によって示されるものである。
③ 新近効果は、長期記憶に転送された情報の量を反映したものである。
④ 学習段階で単語の呈示時間を長くすると、リスト中間部の再生率は低下する。
⑤ 系列位置ごとの再生率を折れ線グラフとして表した系列位置曲線は、U字型になる。

問題 2 (2018 年追問 50)
　加齢の影響を受けにくい記憶として、適切なものを2つ選べ。
① 意味記憶
② 手続記憶
③ 展望記憶
④ エピソード記憶
⑤ ワーキングメモリ

記憶について、正しいものを1つ選べ。

① H. Ebbinghaus の忘却曲線では学習後6日目で最も急激に忘却が進む。

② Tip-of-the-Tongue〈TOT〉はメタ記憶のモニタリング機能を示す現象である。

③ 自転車の乗り方や泳ぎ方など自動的な行動を可能にする記憶を感覚記憶という。

④ A.D. Baddeley によるワーキングメモリのモデルで、視空間的な情報の記憶に関係するのは音韻ループである。

解説＆テクニック

問題1 正答⑤

①× 初頭効果は学習直後に遅延を置かれても消失することはない。ただし、リスト呈示後に別の妨害課題を課すなどして再生を遅延させると、親近性効果のみが消失する。

②× 系列位置効果は自由再生で見られる。

③× 新近性効果（新近効果）は短期貯蔵庫に保持されている項目が反映されたものであり、長期記憶に転送された情報の量を反映するのは初頭効果である。

④× リスト中間部の再生率には大きな変化は見られない。なお、リストの呈示速度を速くすると、初頭効果が減少する。

⑤○ 正しい記述である。系列位置を横軸として再生率をプロットしたものを系列位置曲線と呼ぶが、通常リストの冒頭は初頭効果によって、末尾にある項目は新近性効果によって、それぞれ再生率が高くなることが知られている。

知識があれば即⑤を選択することが可能ですが、知識がなくてもある程度まで選択肢を削れる問題です。まず①に関しては「消失する」という表現が極端であり、③は「新近」であるのだから、短期記憶と関係していることに気づけると良いでしょう。また④も、自分自身が単語や用語を暗記する時のことを思い出せば、たとえ呈示時間が長くなったからといってリスト中間部の思い出しやすさに、大きな差は生じないことに思い至れるでしょう。

問題 2　正答①②

①○　正しい。**意味記憶**とは、例えば母国語の読みやスピーキングなど、特定の時間や場所に関係しない一般的な情報に関する記憶で、言語の使用に必要な文法などの知識も含まれ、加齢の影響を受けにくい。

②○　正しい。**手続き記憶**とは、箸の持ち方や自転車の乗り方、洋服の着方など、経験の繰り返しによって獲得される記憶で、加齢の影響を受けにくい。

③×　展望記憶とは、例えば学校帰りにトイレットペーパーを買わなくてはならないことを朝覚えておいて、学校帰りに薬局の前を通ったタイミングでそのことを思い出す、といったように、未来において行わなくてはならない行為をタイミングよく想起するような記憶のことをいう。これまでの研究によると、展望記憶には本人の動機づけやその行為の重要度、その行為の達成に伴う満足度などが大きな影響を及ぼすことが明らかにされているが、加齢による影響も無視できない。

④×　エピソード記憶とは、時間や空間情報が伴って記憶されている場合に用いる記憶の区分であり、加齢による影響を受ける。

⑤×　ワーキングメモリとは情報の処理機能も含めた概念であり、加齢による影響を受ける。

　それぞれの選択肢の意味さえわかれば、加齢による影響についての知識がなくても正答にたどりつくことが可能な問題です。年をとると記憶力が衰えると言われることもありますが、素早く情報を処理したり、最近起きた出来事について覚えたり、やらなくてはならないことを思い出すといったことは苦手になったとしても、ひらがなが読めなくなったり、まな板を見て何をするものだかわからなくなったり、箸の持ち方がわからなくなったりすることは滅多にない、ということに気がつけば、「意味」に関する記憶と「手続き」に関する記憶は加齢による影響を受けにくいということに気づけるでしょう。

 キーワード解説

レミニッセンス

　何かについて記憶した際、一般的には覚えた時点から時間が経過するほど再生が難しくなると考えられます。しかし、特定の条件においては、学習直後よりもしばらく時間が経過してからの方が、その内容を再生できる場合があります。こ

の現象のことをレミニッセンスといいます。レミニッセンスには、無意味綴りの暗記などにおいて、比較的短い時間内で生じるワード・ホブランド現象と、有意味課題の暗記などにおいて、比較的長い時間で生じるバラード・ウィリアムズ現象の２通りがあることが指摘されています。

　レミニッセンスが生じやすいのは、元の学習の学習程度が中程度のときや、元の学習課題の呈示速度が速いとき、分散学習ではなく集中学習であったときなどです。また、運動学習においてもレミニッセンスが生じることが確認されています。

問題3　正答②

①×　Ebbinghaus, H. の忘却曲線は、正しく再生できるようになった後の再学習において要した時間の節約率と時間経過の関係を表したグラフであり、どの程度忘却されるかを直接表したものではない。ただ、節約率を間接的に忘却量の指標とするのであれば、忘却は記銘直後に急速に起こり、その後は緩やかであることが示されている。

②○　正しい。Tip-of-the-Tongue〈TOT〉とは喉まで出かかっているのに思い出せない、思い出せそうなのに思い出せない現象のことで、メタ記憶と関係している。

③×　この文章が述べているのは運動学習に関する手続き記憶である。

④×　A.D. Baddeley によるワーキングメモリのモデルにおいて、音韻ループが関係するとされているのは音声言語情報であり、視空間的な情報の記憶に関係するとされているのは視空間スケッチパッドである。

　正答である②の「TOT」が何のことかがわからないと多少手こずる可能性がありますが、消去法で対応することも可能な問題です。まず、①は学習後６日目で急に忘却するというのは日常生活場面に照らし合わせて考えても不自然であることがわかりますし、③は動作に関する学習であるため「感覚」という用語は適切でないことに気づくと思います。また、④は Baddeley, A.D によるワーキングメモリのモデルについての知識がないと迷うかもしれませんが、「音韻」というのは基本的に音声言語と関連するものであり、「視空間」に「音韻」はあまり関係しないであろうという推測から、選択肢を除外することが可能です。

CHAPTER

5 学習及び言語

1 古典的条件づけ

　古典的条件づけとは、無条件刺激の呈示に先駆けて又は同時に中性刺激（条件刺激）を呈示し、これを繰り返すことによって刺激と反応との連合を成立させる方法である。特に Pavlov, I.P.（パヴロフ）による犬を用いた実験が有名で、レスポンデント条件づけ、S型条件づけ、第一種の条件づけとも呼ばれる。

問題 1 （オリジナル）

　古典的条件づけの説明として、誤っているものを1つ選べ。

① 条件刺激は、無条件刺激が生じることをあらかじめ生体に予告する予報的信号の役割を果たしている。

② 条件づけの過程では、無条件反射を生じさせるような中性刺激を、無条件刺激と時間的に接近させて対提示することを繰り返す。

③ 中性刺激が条件刺激としての働きを獲得することにより条件反射が成立する。

④ 条件づけの初期においては条件刺激だけでなく、それと似た刺激に対しても条件反応が起こる。

問題 2 （オリジナル）

　古典的条件づけの説明として、正しいものを1つ選べ。

① 食物を口の中に入れることによって唾液が分泌されるのは、古典的条件づけによるものである。

② 古典的条件づけのプロセスにおいて、条件刺激の呈示から無条件刺激の開始までの時間的遅れは、30秒程度が最も条件づけに適している。

③ 不安や恐怖などの情動反応を条件づけで獲得させることはできない。

④ アルコール依存症の治療において古典的条件づけの手法を用いることが可能である。

解説＆テクニック

問題1　正答②

①③④○　正しい記述である。

②×　特定の反射行動（無条件反射）を生じさせない中性の刺激を用いる必要がある。

> 　古典的条件づけの成立過程について理解していれば、比較的簡単に正答にたどり着ける問題です。また、仮に条件づけに対する知識がなくても、しっかりと読解することによって文章の不自然さに気がつくことも可能です。②では「無条件反射を生じさせるような中性刺激を、無条件刺激と時間的に接近させて対提示する」と書かれていますが、中性刺激によって無条件反射が生じるという表現がそもそも不自然であり、また、仮に生じるのだとしても、中性刺激と無条件刺激が両方とも無条件反射を引き起こしてしまっては、そもそも条件づけを成立させる方法として不適格です。問題を解く際には、こうした文章の不自然さにも注意を払うようにしましょう。

 キーワード解説

Pavlov, I.P.（パヴロフ）のイヌを用いた実験の手続き

　条件反射（conditioned reflex）は古典的条件づけによって形成されます。イヌに餌を与えると唾液が分泌されます。これはどのイヌでも無条件に起こるものであるため、〈無条件刺激→無条件反応〉と呼ばれます。次にメトロノームの音を鳴らしてから餌を与えることを繰り返すと、音に反応して餌がなくても唾液が出るようになります。これは一連の経験によって後天的に学習されたパターンであり〈条件刺激→条件反応〉と呼ばれます。

　このパターンが成立した時、パヴロフ型の条件づけが成立したということができます。なお、このときメトロノームの音は条件刺激（CS: conditioned stimulus）、餌は無条件刺激（US: unconditioned stimulus）、音に対する唾液分泌は条件反射（CR: conditioned reflex）、餌に対する唾液分泌は無条件反射（UR: unconditioned reflex）で表されます。古典的条件づけの手続きによって形成される条件反応は基本的に唾液分泌や恐怖反応など、特定の誘発刺激によって引き

起こされる生得的なものであり、自律神経系により制御され、不随意の反応である点が特徴です。

点に差がつくミニ知識

条件づけのキーワード

　条件づけの理論においては、一般的な使われ方と異なる専門用語がいくつか存在します。条件づけの文脈においてこれらの単語が出てきた際は、その単語の意味がわかるようにしておくと良いでしょう。

　　「消去」：条件づけが確立した後、無条件刺激を与えないで条件刺激のみを繰り返し与えていると次第に条件反応が生起しなくなります。この時、条件づけが消去されたといいます。

　　「自発的回復」：一度消去された反応も、時間をあけてから再度条件刺激が与えられることで、条件反応が生じることがあります。これを自発的回復といいます。

　　「般化」：実際の条件刺激と似た刺激に対しても条件反応が起こること。特に条件づけの初期に起こります。

　　「弁別」：般化が生じた際、実際の条件刺激だけに無条件刺激を伴わせ、それ以外の似た刺激には無条件刺激を与えないようにしていると、次第に実際の条件刺激にだけ反応が生じるようになります。これを刺激の弁別といいます。

問題2　正答④

①× 　誤りである。口の中の食物に対する唾液分泌は、生活体が生得的に獲得している反射の一つである。

②× 　誤りである。時間的遅れは 0.5 秒程度が適している。遅延時間が長い場合、条件づけは困難になる。

③× 　誤りである。Watson&Rayner（1920）はアルバート坊やの実験によって、恐怖が学習されることを示した。

④○ 　正しい記述である。例えば嘔吐剤とアルコールを同時に摂取させることにより、飲酒行動の抑制効果が期待できると考えられている。

　古典的条件づけの基本が理解できていれば迷うことなく正答を導くことが

できる問題です。①については、口の中に食べ物を入れることで唾液が出るのは、無条件刺激によって無条件反応が生じているのであり、Pavlov, I.P. のイヌの実験などを思い出せば、これが古典的条件づけによるものではないことがわかるでしょう。また、②に関しては、動物のしつけを行う際などを思い出せれば、条件づけを行う際、遅延時間は短い方が良いことがわかります。また、古典的条件づけの実験において、Pavlov, I.P. と同じくらい有名なのが Watson&Rayner（1920）による上記の実験であるため、③の内容も適切でないことがわかります。④に関しては、初見で選択することも可能ですが、もし自信がない場合でも 1 つ 1 つ消去法で選択肢を減らしていくことで、確実に得点したい基本的な問題です。

 点に差がつくミニ知識

恐怖条件づけ：fear conditioning

Watson, J.B.（ワトソン）と Rayner, R.A.（レイナー）は、恐怖感が古典的条件づけによって学習される過程について研究を行いました。アルバートという生後 9 か月の子どもを対象に、初めは怖がらなかった白ネズミに対する恐怖反応を学習させ、その恐怖の対象が白ウサギや白いひげのついたサンタクロースのお面にまで般化された実験が有名です。また、Garcia, J.（ガルシア）らがカリフォルニアのアンテロープバレーで、塩化リチウムを塗った羊肉に羊の毛をつけた餌を作成し、それを食べたコヨーテに食中毒を起こさせることで気分の悪さと羊の肉の味を関連づけ、その後羊を襲わせないようにさせた実験などもあります。また、Öhman, A.（オーマン）は蛇、蜘蛛、花に対して恐怖心を持っていない人を集め、電気ショックとそれらの写真を関連づける操作を行ったところ、花に対する恐怖心はすぐ消去されたのに対し、蛇や蜘蛛に対する恐怖反応は容易に成立し、また消えづらかったことを報告しています。このように Seligman, M.E.P.（セリグマン）は、古典的条件づけにおいては生得的に条件刺激になりやすいものとそうでないものがあり、このことを Seligman, M.E.P. は、「準備性（preparedness）」という概念で説明しています。

また、恐怖条件づけからくる恐怖症の治療法として行われる行動療法の系統的脱感作法（systematic desensitization）も、古典的条件づけの理論を応用したものです。

2 道具的条件づけ

　道具的条件づけは、古典的条件づけと対置される条件づけで、Hilgard, E. R.（ヒルガード）によって命名された。道具的条件づけはオペラント条件づけとも呼ばれるが、オペラントとは Skinner, B.F.（スキナー）による造語で、特定の誘発刺激がなくても自発される生活体の反応のことを指す。このオペラント反応すなわち自由に反応できる環境の中で生活体が自発した反応に対し、強化刺激を随伴させることによってその反応の生起頻度が上昇する過程のことを道具的条件づけと言う。道具的条件づけでは、条件反応が生起した時にのみ強化が与えられるため、条件反応は強化をもたらすための手段・道具となっている点が特徴である。この条件づけで重視されるのは〈弁別刺激—オペラント反応—強化子〉の三項随伴性である。また、道具的条件づけには報酬訓練、逃避訓練、回避訓練、二次的報酬訓練からなる4つの基本型が存在する点も押さえておきたい。

問題 1（2018 年追問 39）

　オペラント条件づけで、逃避学習や回避学習を最も成立させやすいものとして、正しいものを1つ選べ。
① 正の罰
② 負の罰
③ 正の強化
④ 負の強化

問題 2（オリジナル）

　道具的条件づけの基本型として、適切でないものを1つ選べ。
① 報酬訓練（reward training）
② 逃避訓練（escape training）
③ 回避訓練（avoidance training）
④ 再帰属訓練（re-attribution training）
⑤ 二次的報酬訓練（secondary reward training）

オペラント条件づけにおける強化スケジュールのうち、誤っているものを1つ選べ。

① 固定比率強化（FR: fixed ratio）スケジュールにおける累積記録では、強化後休止が見られる点が特徴である。

② 変動比率強化（VR: variable ratio）における累積記録のパタンは、安定した中程度の反応率を示す。

③ 固定間隔強化（FI: fixed interval）スケジュールでは、一定の時間経過後の最初の反応に対して強化を与える。

④ 変動間隔強化（VI: variable interval）スケジュールは、設定した時間が経過した後に生じた最初の反応に強化子を与えるが、その時間の間隔が毎回変動するスケジュールである。

解説＆テクニック

問題1　正答④

①× 罰は学習を成立させるのに適していない。

②× ①と同じく、学習を成立させたい場合、罰を用いるのは望ましくない。

③× 正の強化によって逃避学習や回避学習を成立させることは不可能ではないが、負の強化の方が成立させやすい。

④○ 正しい記述である。望ましくないこと（電気ショックなど）が回避できるということは、逃避学習や回避学習を成立させやすい。

> 似たような単語が並んでいるため一瞬混乱するかもしれませんが、学習における「正」「負」の意味と「強化」「罰」の意味をきちんと理解していれば解ける問題です。「負の強化」とは例えばどのようなものを指すのか、と具体的な状況を頭に思い浮かべながら回答していくのがポイントです。

 点に差がつくミニ知識

望ましくない反応を抑制したい場合、罰を用いることがありますが、罰には以下の特徴があります。「負の強化＝罰」ではないので気をつけましょう。

・罰は最初から最大の強度で、かつ行動に対して即座に与えられる場合効果があると言われているが、それを行うことは現実的には難しい。

・罰は一時的には反応を抑制するが、それが取り除かれると反応は急速に元の水準に回復する。

・罰によって持続的に行動を変容させるためには、罰を与えるものが監視し続ける必要がある。

・叱責は必ずしも罰として機能せず、時には報酬にもなり得る。

・罰は罰を与えるものに対する恐怖や嫌悪感を生み、それに付随する否定的態度が助長される可能性がある。

　こうしたことから、望ましくない反応の水準を押さえたい場合は、それに代わる望ましい反応を強化することによって、それを行っていくことが望ましいと考えられています。

問題2　正答④

①○　正しい記述である。特定の道具的反応を示した際に報酬が与えられる学習形態のことをいう。

②○　正しい記述である。特定の道具的反応を示せば不快刺激を止められたり、軽減できたりするような学習事態をいう。

③○　正しい記述である。嫌悪刺激が来ることを予告するような条件刺激があった際、嫌悪刺激が与えられる前に特定の道具的反応を示せば嫌悪刺激に遭遇せずにすむような学習形態で、不快または有害な刺激が与えられるのを避けることができるように訓練することを指す。

④×　再帰属は学習性無力感に陥っている対象に対し、失敗した後の諦めやすさを減じる方法の1つである。

⑤○　正しい記述である。中性的な刺激を強化刺激として反復して対呈示することで、中性刺激に報酬としての働きを持たせ、その中性的な刺激を強化子として用いる学習形態のことをいう。例えばコインは貨幣経済社会で生きていない動物にとっては強化子としての役割を果たさないが、コインを入れることで餌が出るような機械などを与えることで報酬となるため、二次的報酬と呼ばれる。

　道具的条件づけに関する代表的な実験内容を思い浮かべることができれば、比較的答えを導きやすい問題です。学習を成立させるための手段として

報酬がよく使われていることや、回避や逃避も動物を対象とした代表的な実験でよく用いられていることを思い出せれば、誤りである選択肢は④か⑤に絞り込むことができるでしょう。二次的報酬という言葉は聞き慣れないかもしれませんが、コインと餌を交換できるようにした実験などのことを思い出すことができれば、④の選択肢がふさわしくないことがわかるでしょう。

 キーワード解説

Skinner, B.F.（スキナー）

　アメリカの心理学者で、代表的な新行動主義者。スキナー箱と呼ばれる実験装置を大学院生時代に考案してネズミやハトを用いて学習の実験を行い、その装置の中でレバー押しを学習するネズミの行動はオペラント行動と名付けられました。また、オペラント行動が生起する割合は報酬に基づく強化と関係することを見出しました。

問題3　正答②

①○　正しい。強化後休止とは、強化後に短い反応休止が起こることを言う。FR での累積反応記録の特徴は、強化までは高い率で安定した反応を示すものの、強化後休止が見られることである。これは出来高払いのように、一定の反応回数ごとに強化が与えられるスケジュールである。FR5 であれば 5 回反応するごとに強化子が与えられる。

②×　VR スケジュールにおける累積記録のパタンは高い率で安定する。これはギャンブルなど、強化を与えるまでの反応回数は一定ではないが、最終的にはその平均が一定となるスケジュールである。VR30 であれば、あるときは 15 回に 1 回、次は 45 回に 1 回といったように、強化を与える反応の回数の平均値が 30 になるように調整する。

③○　正しい。FI は一定の時間経過後の最初の反応に対して強化を与えるスケジュールである。FI3 分であれば、強化後 3 分経過したあとの最初の反応に強化を与える。強化後に長い休止があった後、次の強化に近づくにつれて次第に高い率に変化すると言う特徴的なパタンが示され、このことをスキャロップ（scallop）と言う。試験の直前にだけ熱心に勉強するなどがこれに当たるとされる。

④○　正しい。VI では設定した時間経過後の最初の反応に強化子を与えるが、

その時間間隔が毎回変動するスケジュールである。ただしそれらの平均値は一定となる。累積記録のパタンは安定した中程度の反応率を示す。釣りや郵便物のチェックなどがこれにあたるとされる。

誤っているものを1つ選べばいい問題であるため、選択肢のうち間違いに1つでも気づくことができれば、その他の選択肢に目を通す必要はありません。オペラント条件づけにおけるそれぞれの強化のスケジュールの特徴については理解しておくことが望ましいですが、②はギャンブルでずっと勝てない状況が続いていても、たった一度の大当たりを経験することでやみつきになり、一攫千金を狙うためにギャンブルにハマってしまう人がいることを想像できれば、「安定した中程度の反応率」という表現に違和感を覚えることができるでしょう。

3 観察学習

学習は一般に「一定の経験による比較的永続的な行動の変容」であると定義されるが、その「経験」に含まれるのは、本人の直接的な経験のみではない。Bandura, A.（バンデューラ）は、自らに対する直接的な強化が無くても、他者が強化される場面の観察のみによっても学習が成立することを見出し、これを観察学習あるいはモデリングと呼んだ。

問題 1（オリジナル）
1963年にBandura, A. らが行った攻撃行動のモデリングの実験について、正しいものを1つ選べ。
①アニメーションモデルと現実モデルでは、現実モデルを観察した時の方が全体的攻撃得点が高かった。
②男児と女児では、統制群を含むどの条件においても、男児の全般的攻撃得点の方が女児の攻撃得点よりも高い傾向があった。
③現実モデルの観察では、同性のモデルを観察した群より、異性のモデルを観察した群の方が全体的攻撃得点が高かった。
④実験に参加したのは6歳から12歳の小学生であった。

観察学習の下位過程の順序について、正しいものを1つ選べ。

A 動機づけ過程

B 注意過程

C 保持過程

D 産出過程

① A → B → C → D

② A → B → D → C

③ B → C → D → A

④ B → C → A → D

解説＆テクニック

問題１　正答②

① ×　女児の場合はアニメーションモデルを観察した時の方が、現実モデルを観察した時よりも、全体的攻撃得点が高いという結果であった。

② ○　正しい記述である。

③ ×　男児は男性モデルの攻撃行動を観察した群の方が女性のモデルの攻撃行動を観察した群よりも全体的攻撃得点が高く、女児は女性モデルの攻撃行動を観察した群の方が男性のモデルの攻撃行動を観察した群よりも全体的攻撃得点が高かった。

④ ×　実験に参加したのは３から６歳の保育園児であるため、誤りである。

　正しいものを１つ選ぶ問題であるため、文章の中に１つでもおかしなところがあれば、どんどん選択肢から排除していくことが大切です。Bandura, A. の実験は非常に有名であるため、その実験場面の資料などとともに、実験結果については知っておくことが望ましいですが、仮に知識が無くても、子どもが大人の行動を真似たり、テレビで見聞きしたセリフや行動を真似たりしている場面を頭に思い浮かべることができれば、ある程度まで選択肢を絞り込むことが可能だと思います。④については、Bandura, A. の実験の写真家かイラストを見たことがあれば、そこに写っている子どものサイズから、彼らが小学生より小さいことに気がつけるでしょう。

点に差がつくミニ知識（モデリングの過程と効果）───

Bandura, A. は主に幼児を対象とした実験を多数行い、モデリングの過程や、それに影響を与える諸要因について分析を行いました。その結果、以下のようなことが指摘されているため、これらも併せて理解しておきましょう。

- モデリングを生じさせる際、強化はそれを促進する条件の１つではあるが、必ずしも必要というわけではない。
- 学習者への直接的な強化よりも、観察しているモデルへの代理強化が重要である。

学習及び言語　81

- 代理強化は習得の過程よりも、その遂行水準に影響を与える。
- モデリングの学習者に与える効果としては主に以下の5つが挙げられる。
  ①観察学習効果：新たな行動のレパートリーを学習する効果
  ②抑制・脱抑制効果：すでに習得していた行動に対して、抑制や脱抑制が生じる効果
  ③反応促進効果：すでに習得していた行動が触発される効果
  ④環境刺激高揚効果：モデルが不在でも、環境に応じた反応をするようになる効果
  ⑤覚醒効果：モデルの情動反応を観察することで、学習者の情動反応が喚起される効果

問題2　正答③

①②④× 　誤りである。

③○　正しい順序である。まず、モデルへ注意を向け、観察したものを記憶し、記憶したものを再生し、行動を遂行するかどうか決定すると言う順序で観察学習が進む。

順序について問われている場合、まず選択肢全体を見渡す癖をつけましょう。この場合であれば、始まりはAかBのどちらかしかなく、最初さえわかれば2分の1にまで選択肢を絞り込むことができます。最初か最後さえわかれば、あとは消去法である程度選択肢を削ることができるため、分かったところから順に選択肢を削除していくことで対応したい問題です。なお、それぞれの過程の内容についても押さえておくことが望ましいです。

A 動機づけ過程：実際に行動を遂行するかどうかを決定する過程です。報酬や罰が影響すると考えられているのはこの過程です。

B 注意過程：モデルへ注意を向ける過程です。

C 保持過程：観察したものを記憶しておく過程です。

D 産出過程：記憶されたものを実際の自分の行動として再生する過程です。運動再生過程ともいいます。

4 洞察学習

　洞察とは、問題解決が必要とされるような事態において、その事態を構成している情報を統合し、解決の見通しを立てることをいう。ゲシュタルト心理学者のKöhler, W.C.（ケーラー）は、課題の場で知覚の再体制化により解決への手がかりが得られることを洞察と呼んだ。Thorndike, E.L.（ソーンダイク）がネコを用いた実験の結果、問題解決は試行錯誤によって、徐々に成功確率が高まっていく過程であり、漸進的で連続した学習過程であるとしたのに対し、Köhler, W. C.は類人猿を対象とした実験の結果、洞察によって一気に問題解決がなされることを見出し、問題解決自体はひらめきのような形で突然出現する、非連続的な過程であることを示した。

問題 1 （オリジナル）

　洞察学習について、誤っているものを1つ選べ。
① 同一の課題であっても、個体発生的もしくは系統発生的に低いレベルの個体ほど試行錯誤的な解決方法をとる傾向がある。
② Köhler は類人猿を用いた実験により、動物は課題状況に置かれた際、見通しを持って行動できることを見出した。
③ 洞察による解決に先駆けて、試行錯誤的な模索が精神的な過程でなされることがある。
④ 洞察による問題解決の場合、学習曲線は悉無律的な不連続曲線となる。
⑤ 洞察学習に基づく学習の原理は law of effect と呼ばれる。

問題 2 （オリジナル）

　以下のうち洞察学習に当たるものを1つ選べ。
① 小さな子どもが、大人がリモコンでテレビをつけるのを見て、自分でもリモコンのボタンを操作しようとする。
② 知恵の輪を解く際、今までうまくいったやり方を順に試してみる。
③ カラスが、線路の上に置かれた木の実が電車に轢かれて割れるのを見て、線路の上に木の実を置くようになる。
④ 囲碁で次の一手を考える際、しばらく黙考した後閃いて碁石に手を伸ばす。
⑤ 見習い料理人が、料理長の味や動きを自分のものにしようと感覚を研ぎ澄ませる。

問題1　正答⑤

①○　正しい。知的な能力が高い個体の方が、手当たり次第にやるのではなく見通しを立てて課題を遂行する傾向がある。

②○　正しい。

③○　正しい。洞察によると見られる解決がなされた場合でも、それに先立って頭の中で、試行錯誤的な模索がなされることがある。このように「ことがある」という表現は正しい場合が多いので、注意するようにしたい。

④○　正しい。悉無律とは、生体において閾値以下の刺激では反応が全く起こらず、それを超えると一定の反応が現れるものの、それ以上刺激を強めてもその反応が大きくならないという法則で、全か無かの法則ともいう。

⑤×　Law of effect（効果の法則）は Thorndike, E.L. によって定式化された学習の法則の一つ。反応が環境に対して何らかの効果を持つ時に学習が生じるという考え方であり、Thorndike, E.L. は学習を、刺激事態と反応の間の結合が強められる過程であるとし、その結合はその反応が生活体に対して満足をもたらす効果を持つ場合に強められると主張した。

> まず、①や③は常識的に考えても正しいことがわかるはずなので、素早く選択肢から外せることが望ましいです。最終的に⑤を正答とするには「効果の法則」という単語の知識が求められますが、洞察学習の過程は "effect" と関係がないだろうという予測から、正答に結びつけることも可能です。

問題2　正答④

①×　これは観察学習に当たる。

②×　これは試行錯誤学習に当たる。

③×　これは観察学習に当たると言える。

④○　正しい。頭の中では試行錯誤が行われていると考えられるが、現れた反応としては洞察に当たると言える。

⑤×　この学習におけるメインは模倣と観察であり、洞察学習とはいえない。

> 「洞察」の定義について知識があることが望ましいですが、「洞察」という

用語は一般的にいってもそれほど理解しづらい言葉ではないため、常識の範囲内でも回答することができます。文章が示す具体的な状況を頭に思い浮かべながら対処するようにしましょう。

5 言語獲得過程

子どもは生まれる前から言語獲得のための準備を始めており、生まれたばかりは言葉を話せなくても、周りの声かけに耳を傾け、それを学習している。しっかりとした言葉を話しはじめる前の、言語の発達とその獲得の過程について確認しておこう。

問題 1（2018 年追問 40）

言語の音韻面の発達について、最も適切なものを 1 つ選べ。
① 生後すぐの新生児には、クーイングと呼ばれる発声がみられる。
② 1 歳に達するまでに、徐々に非母語の音韻に対する弁別力は弱くなる。
③ 2 歳までに言語の音韻的な側面についてのメタ言語的な理解が始まる。
④ 種々の韻律的特徴を持つジャーゴンが出現した後に、音節を反復する基準喃語が生じてくる。

問題 2（2018 年問 85）

コミュニケーションと言語の発達について、正しいものを 1 つ選べ。
① 発達初期に出現する語彙は、動詞や形容詞が名詞よりも多い。
② 語彙の増加は、初語の出現から就学まで概ね均質なスピードで進む。
③ 指さしは、リーチングなどとともに生後 6 か月頃から頻繁に観察されるようになる。
④ 生後 9〜10 か月頃からみられる、対象に対する注意を他者と共有する行動を共同注意と呼ぶ。
⑤ クーイングとは、乳児期の後半からみられる「ババババ」などの同じ音を繰り返し発声することをいう。

問題１　正答②

①×　生後すぐではなく、生後１か月ごろから機嫌の良い時などに、クーイングと呼ばれる、喉の奥を鳴らすような発声が見られるようになる。

②○　正しい。生まれたばかりはあらゆる言語の音韻に対して弁別力があるとされるが、１歳までに耳にしなかった言語の弁別力は急速に弱まり、やがて失われるとされている。（英語のＬとＲの聞き分けなどが有名である）

③×　「メタ言語」というのは「ことばについて語るさいに用いられることば」のことを指し、音韻的な側面に対してのメタ言語的な理解はまだ２歳では難しい。

④×　誤りであるが、「韻律的特徴」「ジャーゴン」「基準喃語」の意味がわからないと戸惑う選択肢である。「韻律的特徴」とは言語音声の強さやアクセント、高さや長さのことを指す。「ジャーゴン」とは特定の集団や仲間内だけで通じ、それ以外の人には意味のわからない言葉のことを指し、宇宙語などと称されることもある。本人は何か喋っているつもりでも、周りは何を言っているのかわからない言葉である。「基準喃語」は生後６か月から８か月ごろから見られる母音と子音から構成される喃語のことである。基準喃語の方がジャーゴンよりも先に出現するため、この選択肢は誤りである。聞きなれない単語の羅列で戸惑うかもしれないが、仮にジャーゴンの意味が分からなくても、「韻律的」と「音節の反復」であれば前者の方が高度であろうということは想像できる。分からない言葉が出てきた場合でも、諦めずにできるだけその単語の意味から内容を推察し、正答に近づけていきたい。

---

　①の「生後すぐ」が示す範囲が不明確であったり、②の「メタ言語的な理解」や④「韻律的特徴を持つジャーゴン」など、その単語の意味を知らない人にとってはパッと見ただけでは何のことだか分からない単語が並ぶため、迷いやすい問題です。ただ、②に関しては、最近保育園などでも英語による保育が導入され出していることや、英語の音（例えば Lice と Rice など）の聞き分けに関する臨界期や敏感期の話題等、普段から教育や保育のニュースやトレンドにアンテナを張っておくことで、ある程度対応可能な内容であるとも言えるでしょう。

問題 2　正答④

①×　初期に出現する語彙は「まんま」などの名詞が多いため、誤りである。

②×　一般に語彙は 1 歳から 3 歳にかけて爆発的に増加するため、誤りである。

③×　リーチングは物に触れようとして手を伸ばすことをいい、指差し行動よりも初期に見られるため誤りである。

④○　正しい記述である。

⑤×　「ババババ」「ダダダ」などの同じ音の繰り返しは喃語（バブリング）と呼ばれるものであり、クーイングは生後 1、2 か月の時点で見られる「うー」などの、生理的な発生のことを指すため誤りである。

> 正答以外の選択肢における誤りが比較的明確であるため、回答しやすい問題です。子どもの言語獲得の順番は、簡単なものから複雑なものへ、短いものから長いものへなど、常識的に考えても理にかなっているものがほとんどであるため、子どもの発達の様子や言語獲得の様子を頭に思い浮かべながら選択肢を絞っていけば、正答にたどり着くことができるでしょう。

 点に差がつくミニ知識

　言葉の発達には個人差が大きいですが、特別な問題がない限り発達の方向性は共通しています。どの時期にどのような特徴が見られるのかについて確認しておきましょう。

新生児期	周りからの声かけに合わせて体を動かす相互同期性が見られる。
2〜3 か月頃	クーイングが見られるようになる。
5〜6 か月頃	喃語が見られはじめる。
10 か月頃	言葉を介したコミュニケーションが見られはじめる。
1 歳頃	1 語の意味のある言葉が出はじめる。
1 歳 6 か月頃	2 語文で話しはじめる。
2 歳 6 か月頃	名詞と動詞を組み合わせ、3〜4 語からなる文で話しはじめる。
3 歳以降	語彙が急速に増える。日常会話ができるようになる。

MEMO

6 感情及び人格

1 感情の特性論

特性論とは

　個々の人に一貫して出現する行動傾向やそのまとまりを「特性」といい、その特性をパーソナリティ構成の1つの単位と見なし、各特性の組合せによって個人のパーソナリティを考える立場のことである。性格特徴を詳細に読みとることができ、個人間の相違を比較しやすいが、人の統一性や独自性を捉えにくいというデメリットがある。

問題 1 (2018 年問 9)

　パーソナリティの特性に根源特性と表面特性とを仮定し、根源特性として16因子を見出した心理学者は誰か。正しいものを1つ選べ。

① C.R. Cloninger

② G.A. Kelly

③ H.J. Eysenck

④ J.P. Guilford

⑤ R.B. Cattell

問題 2 (オリジナル)

　Big Five の特性次元について、以下の中から誤っているものを1つ選べ。

① 開放性

② 誠実性

③ 外向性

④ 調和性

⑤ 精神病的傾向

問題 1　正答⑤

①× 「7次元モデル」というキーワードがないため。

②× 「パーソナル・コンストラクト理論」というキーワードがないため。

③× 「階層構造」というキーワードがないため。

④× 「13因子」というキーワードがないため。

⑤○ 適切である。

> 特性論の心理学者です。しかしながら、押さえるべき特性論の心理学者は Allport, G.W.、Cattell, R.B.、Eysenck, H.J., の3名がマストです。③と⑤に絞り、Eysenck, H.J. ならば「階層構造」というキーワードが出るために、⑤を選びます。

点に差がつくミニ知識

Allport, G.W.、Cattell, R.B.、Eysenck, H.J. の3名はそれぞれ因子分析を用いて特性論を深めていきました。Allport, G.W. は「共通特性」と「個人特性」に分類し、Cattell, R.B. は設問のように「表面特性」と「根源特性」に分けました。また Eysenck, H.J. は性格特性を、次の4つの水準の階層で定めました。下位の階層から順番に、階層1-「個別的（特殊）反応水準」、階層2-「習慣反応水準」、階層3-「特性水準」、階層4-「類型水準」です。

問題 2　正答⑤

①②③④○ 適切である。

⑤× 神経症傾向である。

> 覚えにくい項目ですが出題されやすい問題なので、必ず覚えておきましょう。Big Five 特性次元の5因子は、O＝開放性（Openness to Experience）、C＝誠実性（Conscientiousness）、E＝外向性（Extraversion）、A＝調和性（Agreeableness）、N＝神経症傾向（Neuroticism）です。

点に差がつくミニ知識

Big Five 特性次元の 5 因子は、その頭文字を並び替えて、海「O・C・E・A・N」と覚えておくと良いでしょう。

2 類型論

パーソナリティの類型論とは、人間の性格を「原理に基づき典型的な行動や心的特性を設定した類型に分類することで、その全体像を捉えようとする」考え方である。長所として、直観的な把握ができるが、類型に当てはまらない部分を見逃したり固定化してしまうことが短所である。

問題 1 (オリジナル)

パーソナリティの類型論を唱えた人物とそのキーワードの組み合わせとして、以下の中から誤っているものを 1 つ選べ。

① Kretshmer, E. ― 粘着気質
② Sheldon, W.H. ― 外胚葉
③ Spranger, E. ― 社会型
④ Jung, C.G. ― 共感

問題 2 (オリジナル)

Spranger, E. が唱えたパーソナリティの分類のうち、以下の選択肢の中から、誤っているものを 1 つ選べ。

① 経済型
② 理論型
③ 社会型
④ 英雄型
⑤ 審美型

> **COLUMN**
>
> 気質（temperament）は生まれてすぐ現れ、ある程度の期間持続する行動の個人差であるとされ、遺伝的な要因が大きいと言われているのに対し、

パーソナリティはラテン語の「ペルソナ（仮面)」に由来しており、個人の社会的な役割・外見的な自分を言う意味も含まれます。パーソナリティ研究の歴史は長いですが、最近では用語の厳密な区別をせずに、統一的に「パーソナリティあるいは人格」という用語を用いることが多くなっています。

解説＆テクニック

問題1　正答④

①②③○　適切である。

④×　「共感」という用語はない。思考、感情、感覚、直観の4つに外向―内向の2つを掛け合わせた8つである。

> 類型論については、上記の4つを必ず「分け方」も含めて覚えておきましょう。理由として、問題1のように「共感」という用語が提示されて、臨床心理学の試験で×を付けることは非常に難しいためです。

 点に差がつくミニ知識

Kretschmer, E. が提唱したのは「粘着気質」ですが、下田光造が提唱した「執着気質」というものがあります。ともに仕事熱心、凝り性、徹底的、正直、几帳面、正義感の強さ、などの特徴があります。臨床心理士試験で一度その名前の違いが出題されたことがありますが、別の言葉であることを押さえましょう。

問題2　正答④

①②③⑤○　適切である。

④×　権力型である。

> Spranger, E. の類型論は全て覚えましょう。覚える順は経済型、理論型、社会型、権力型、審美型、宗教型とし、ストーリーで把握します。「経済理論で社会的に成功して権力を獲得したら、美しい宗教画を入手した」という流れです。その流れで6つを覚えると、「英雄」というキーワードは出てき

3 パーソナリティの測定と個人差

類型論や特性論があるが、心理学者はそれを数値化しようと試みてきた。また、それによって個人差（誤差）があることも判明している。代表的なものは一卵性双生児の研究である。

問題 1 (2018 年問 8)

パーソナリティや自我状態に関する心理検査について、正しいものを 1 つ選べ。

① MAS は、多面的にパーソナリティを測定する検査である。

② IAT は、顕在的意識レベルの自尊心の個人差を測定する検査である。

③ NEO-PI-R は、パーソナリティの 6 つの次元を測定する検査である。

④ 東大式エゴグラムは、被験者の自我状態を P、A 又は C の 3 タイプのいずれか 1 つに分類する検査である。

⑤ YG 性格検査は、パーソナリティの 12 の特性を測定する 120 項目への反応を通して被検者を典型的な型に分類する検査である。

問題 2 (2018 年追問 8)

人格の個人差に関する行動遺伝学的説明について、最も適切なものを 1 つ選べ。

① 人格は単一の遺伝子によって規定される。

② 遺伝要因と環境要因の交互作用は統計的に検討できない。

③ 遺伝要因と環境要因の影響力は、個別には具体的な数値で表せない。

④ 成人期では一般的に、共有環境の影響は遺伝や非共有環境の影響よりも小さい。

⑤ 一卵性双生児と二卵性双生児のきょうだいそれぞれにおける人格特性の相関係数は後者の方が高い。

問題 1　正答⑤

①×　MAS は顕在性不安尺度である。

②×　IAT は、潜在的な態度を測定する尺度である。

③×　5 つの次元である。

④×　3 タイプのいずれか 1 つに分類せず、組み合わせる。

⑤○　適切である。

IAT など、あまり聞き慣れないものもありますが、そのようなものには△を付けて、確実にわかるもので勝負をしていきましょう。YG 性格検査の120 項目、12 の特性は臨床心理士試験でも頻出であり、この問題に関しては消去法ではなく積極的に⑤を選びましょう。

 点に差がつくミニ知識。

YG 性格検査は 120 項目で 12 の特性に分かれることは頻出です。派生して覚えておきたいこととして、1 つの特性は 10 項目。これはあまりにも美しすぎる分かれ方です。すなわち、因子分析をしておらず、内的整合性に基づいて作られています。そのために妥当性に問題があることも押さえておきましょう。

問題 2　正答④

①×　単一ではない。

②×　測定できる。

③×　数値で表せる。

④○　適切である。

⑤×　一卵性双生児の方が高い。

消去法で正答できます。①は当然単一ではありません。②③は心理学は測定しようと試みてきた歴史があり、測定できると考えられています。⑤は当然、一卵性であり、残った④が正解です。

　共有環境とは家庭のことであり、非共有環境とは学校や職場など、家庭以外のことと捉えると④もより理解がしやすくなります。

4　感情と認知

問題 1 (2018 年追問 84)

　感情と認知の関係について、最も適切なものを 1 つ選べ。
①　現在の気分は将来の出来事の予測には影響を与えない。
②　感情が喚起されるとそれに結びついた知識の活性化が抑制される。
③　自分の気分を能動的に制御する場合は、気分一致効果は生じない。
④　記銘時と想起時の気分が一致していると、記憶が再生されにくくなる。
⑤　認知心理学の実験における気分誘導法の 1 つとして、音楽が用いられる。

問題 2 (2018 年追問 51)

　感情の諸理論に関する説明について、適切なものを <u>2 つ</u> 選べ。
①　戸田正直は、感情は迅速な環境適応のために進化してきたと唱えた。
②　S. Tomkins は、血流変化によって感情の主観的体験が説明されると唱えた。
③　B.L. Fredrickson は、負の感情が注意、思考、活動等のレパートリーの拡大や資源の構築に役立つと唱えた。
④　R.B. Zajonc は、感情反応は認知的評価に先行し、感情と認知はそれぞれに独立した処理過程であると唱えた。
⑤　S. Schachter と J. Singer は、環境の変化と身体活動の変化によって感情の主観的体験が説明されると唱えた。

解説&テクニック

問題1　正答⑤

①× 　ポジティブな気分はポジティブな予測に、ネガティブな気分はネガティブな予測に結びつくことが知られている。

②× 　感情が喚起されると、その感情に結びついた知識の活性化が促進される。

③× 　能動的に制御する場合でも気分一致効果が生じる。

④× 　気分が一致していると記憶が再生されやすくなる。

⑤○ 　適切である。

> 　常識力を動員し、消去法で×を付けていき、残った⑤が正解です。また「気分誘導法の1つとして」のように含みを持たせていることからも、これが正解であると当たりを付けると良いでしょう。

問題2　正答①④

①○ 　適切である。

②× 　血流変化ではなく、顔面の筋肉である。

③× 　負の感情ではなく、肯定的感情である。

④○ 　適切である。

⑤× 　ジェームス・ランゲ説の説明である。

> 　難易度の高い問題です。①と④を積極的に選ぶのは難しいですが、消去法で正答することはできます。②は有名な実験なので×を付け、③は国語力で解きます。⑤はジェームス・ランゲ説なので、残った①と④を選びます。

 点に差がつくミニ知識 ─────────

　日本の心理学者については、臨床心理士試験含め過去出題された人物は押さえておきましょう。戸田正直は「アージ理論」を提唱した心理学者です。自然環境に適応するために進化してきた心的ソフトウェアはアージ・システムと呼ばれ、怒りアージや恐れアージ等の感情的なアージを中心に生理的アージや認知アージなどに分かれています。

5 感情と動機づけ

問題 1 (2018 年追問 56)

　動機づけ理論について、適切なものを2つ選べ。

① 自己実現欲求は欠乏動機である。

② 動機づけ要因は、満たされていれば満足につながる。

③ 有能さや自己決定の感覚が強められると、動機づけは高まる。

④ 金銭などの外的報酬は、その水準が変わらなければ、動機づけを維持する効果は時間とともに弱まる。

⑤ 内発的動機づけが働いている行動に、賞罰などの外的報酬を加えることで、動機づけは更に高められる。

問題 2 (2018 年追問 66)

　中学校の担任教師が担当する5名の生徒について、日常の様子と知能検査の結果を参照して次のように考えている。Aは怠学傾向がみられそもそも勉強に関心が向いていない。Bは知能指数が高いにもかかわらず学力が向上しない。Cの学力が向上しない理由は知能指数の低さにありそうだ。Dは知能指数が低いことに加え、注意散漫で授業に集中できない。Eは知能指数が低いにもかかわらず学力が高い。

　5名の生徒のうち、アンダーアチーバーが疑われる生徒として、最も適切なものを1つ選べ。

① A

② B

③ C

④ D

⑤ E

問題 1　正解③④

①× 欠乏動機は自己実現欲求以外の４つが該当する。

②× 動機づけ要因が満たされていても、衛生要因によって不満足につながる場合もある。

③○ 適切である。

④○ 適切である。

⑤× アンダーマイニング効果によりモチベーションは下がる。

消去法で解いていきます。①は欲求階層説、⑤はアンダーマイニング効果と有名な理論であるので、×を付けられるようにしましょう。残りの選択肢の中でですが、これは自分の感覚に落とし込むのも一つの方法です。動機づけが満たされていても、職場環境が十分でないと、そのことを継続するのは難しいです。よって消去法で②を×にし、残りの選択肢が答えです。

 点に差がつくミニ知識

選択肢②は、自分の感覚で解けるものの、理論としては Herzberg, F. の「動機づけ―衛生要因理論」が該当すると考えられます。これは文字通り、満足につながるのは動機づけに加え、衛生要因も関係するというものです。

問題 2　正答②

アンダーアチーバーの概念が整理できていると容易に正答できます。アンダーアチーバーとは、潜在的能力に見合うだけの学力を示していない子どもを指すため、「知能指数が低い」という記述があればその時点で×を付ければ良いです。よって、③④⑤が×で、①と②で検討します。①も可能性はありますが、潜在能力に対する記述がないために判断つかず、②を選択します。

点に差がつくミニ知識 ━━━━━━━━━━━━

　公認心理師試験の事例問題はセンター試験の現代文に似ているところがあります。つまり、本文に書いていなければ、×なのです。上記の問２においても①の選択肢で「怠学傾向があるということは、背後に○○の問題があるかもしれない。」と類推することで混乱してしまう受験生も多いです。実際の臨床においてはそのようにあらゆる可能性を検討することが必須ですが、事例問題を解く上では、「記述があるかどうか」を基準に割り切ることが必要です。

7 脳・神経の働き

1 脳の構造と機能

　脳は中枢神経系の1つに分類されており、大脳、中脳、橋、延髄、小脳などに分けられているが、このうち大脳が発達しているのがヒトの特徴で、多数の溝と隆起によって表面積が拡大し、皮質の容積が大きくなったことで様々な機能を実現できるようになったと考えられている。

問題 1 (2018 年問 88)
　視床下部の機能として、正しいものを1つ選べ。
① 運動協調の調節
② 摂食行動の調節
③ 対光反射の中枢
④ 体性感覚の中継
⑤ 短期記憶の形成

問題 2 (2018 年追問 127)
　間脳の解剖と機能について、正しいものを2つ選べ。
① 間脳は中脳と小脳の間にある。
② 視床は卵型の白質の塊である。
③ 外側膝状体は聴覚の中継に関わる。
④ 下垂体は視床下部の支配を受ける。
⑤ 視床は温痛覚や深部感覚の中継に関わる。

問題 3 (2019 年間 41)

　右利きの者が右中大脳動脈領域の脳梗塞を起こした場合に、通常は<u>みられない</u><u>もの</u>を 1 つ選べ。

① 　失語症

② 　左片麻痺

③ 　全般性注意障害

④ 　左半身感覚障害

⑤ 　左半側空間無視

解説&テクニック

問題 1　正答②

①×　運動協調は主に小脳がつかさどっている。

②○　正しい。視床下部は生命活動の調整に中心的な役割を果たしている。

③×　対光反射の中枢は中脳である。

④×　体性感覚の中枢は視床である。

⑤×　記憶の形成をつかさどっているのは海馬である。

> この問題は、視床下部の機能についての知識がないと正答にたどり着くことが難しいですが、⑤などは、記憶は海馬がつかさどるという比較的一般的な知識の範囲内で除外することができると思います。また、視床下部を破壊されたラットの食欲に関する実験なども、心理学の教科書にはよく載っているため、そのような別領域の知識からの応用で、②の正答にたどり着くことも可能です。このように、別領域の知識がヒントとなる場合も少なからずあるため、どうしても苦手な領域は思い切って捨てて、自分の得意な領域をしっかり押さえる勉強をしておくことで、他分野の問題にも応用できる場合があるということを、ぜひ覚えておきましょう。

問題 2　正答④⑤

①×　間脳は大脳と脳幹の間にある。

②×　視床は灰白質の塊で、約120の神経核の集合体である。

③×　外側膝状体は視床領域の一部であり、視覚野と連携して視覚情報の処理を行っている。なお、内側膝状体は聴覚野と連携している。ただし、ここまで細かく記憶しておくことは難しいため、判断できない場合は△を付けて、他の選択肢の検討を行うのが得策である。

④○　正しい。

⑤○　正しい。視床には嗅覚以外の全ての感覚情報を集める中継核があり、情報を処理して大脳皮質へ送る役割を担っている。

> 間脳の解剖と機能についての知識がないと正答にたどり着くことは難しいですが、分からなかったとしても、とりあえず2つの選択肢を選ぶ姿勢が

必要です。分からない問題が出てきたときはマークシートに勘でいいので
マークをつけ、解けなかったことを引きずらずに気持ちを切り替えて次の問
題に進むようにしましょう。全く分からない問題が出現すると多少なりとも
ショックを受けてしまうものですが、資格試験で大切なのは満点を取ること
ではありません。確実に、取れる部分で点を取っていくようにしましょう。

 キーワード解説 ────────────────────

間脳

　間脳は、大脳半球の中心部、大脳と脳幹の間に位置する灰白質の塊で、視床上
部、視床、視床下部から構成されています。視床上部には嗅覚系と脳幹との連絡
をつかさどる「手綱」とメラトニンの合成や分泌によって概日リズムの調節をつ
かさどる「松果体」があり、視床には感覚情報の中継や運動機能の調整の補助
を行う「視床核」が存在しています。視床下部は視床の前下方にある小さな領域
ですが、多くの神経核や漏斗、灰白隆起などが存在しており、自律神経系及び内
分泌系の中枢としての機能を果たしているほか、体温調節や体液・浸透圧の調
節、睡眠と覚醒、摂食や節水、性行動や情動など、生命活動の調整において中心
的な役割を果たしており、本能行動の中枢とも言える非常に重要な部位です。

 キーワード解説 ────────────────────

灰白質と白質

　大脳や脊髄には、灰白色の部分（灰白質）と白色の部分（白質）が存在しま
す。灰白質には神経細胞の細胞体が多く存在している一方、白質には有髄神経繊
維が多く存在しており、見た目の色が異なっています。大脳の場合、外側（皮
質）が灰白質（細胞体）で、内側（髄質）が白質（有髄神経繊維）です。

問題3　正答①
①○　正しい。
②③④⑤×　見られる場合がある。

脳の各領域の名前については理解していても、細かな動脈の名称まで記憶している受験生は少ないでしょう。ここではまず、聞いたことがない単語だからと焦るのではなく、しっかり問題文と選択肢を確認することが大切です。「通常は見られないものを１つ選ぶ」ということは、逆にいうと、５つのうち４つは見られる可能性があるということです。脳はそれぞれの領域によってつかさどっているものが異なる、ということさえ理解していれば、これらの症状のうち似た分野のものをグルーピングすることで、仲間外れのものをある程度まで絞り込むことができます。選択肢を見ると「右利き」「右大脳動脈」というキーワードが出てくることから、「片側」「半身」といった要素が含まれる②④⑤をグルーピングすることが可能です。また、選択肢の内容から「注意」「感覚」「空間無視」も内容的に類似することがわかります。こうしたことから、①の失語症がこの中では仲間はずれに該当するということに気づくことができれば、知識がなくても正答することが可能です。

2　大脳皮質の機能局在

　大脳半球の外側表面は、中心溝などの溝によって前頭葉、頭頂葉、側頭葉、後頭葉の四つの葉に分けられており、葉の中でも領域によって異なる機能をつかさどっている。前頭葉には主に精神活動をつかさどり、ヒトの大脳の約 30 ％を占める前頭連合野、運動性言語をつかさどる Broca 野、随意運動をつかさどる一次運動野があり、頭頂葉には体性感覚をつかさどる一次体性感覚野、感覚情報の統合を行う体性感覚連合野、感覚情報や視覚情報による物体の認識をつかさどる縁上回、読み書き計算などの一連の行為に関係する角回が存在している。また、側頭葉には聴覚をつかさどる聴覚野、感覚性言語をつかさどる Wernicke 野、視覚性認知をつかさどる側頭連合野があり、後頭葉には視覚をつかさどる視覚野が存在している。そのため、脳血管障害や怪我などによって脳に障害を負った際は、その負傷した部位によって異なる症状が生じることとなる。

問題 1 (2018 年問 11)
　大脳皮質の機能局在について、正しいものを１つ選べ。
① 　Broca 野は頭頂葉にある。
② 　一次視覚野は側頭葉にある。

③　一次運動野は後頭葉の中心前回にある。

④　Wernicke 野は側頭葉と前頭葉にまたがる。

⑤　一次体性感覚野は頭頂葉の中心後回にある。

問題2 (2018 年追問 128)

　大脳の生理学的機能について、正しいものを2つ選べ。

①　Broca 野は発語に関わる。

②　側頭葉は温痛覚と触覚に関わる。

③　頭頂連合野は主に物の判別と記憶に関わる。

④　劣位半球の障害によって失読と失書が起こる。

⑤　前頭連合野は主に思考、意欲及び情動に関わる。

 キーワード解説

ミラーニューロン

　Rizzolatti, G.（リゾラッティ）らは、サルの大脳皮質の運動前野において、猿が自分の手を動かした時だけでなく、他の個体がそれと同じ動作をしているのを目撃した際にも同じ様に発火する神経細胞群があることを発見しました。これは、他者の動きを自己に投影することによって生じると考えられることから、ミラーニューロンと名付けられました。なお発達障害を持つ人の中には、この神経細胞の機能が失われている場合があるという報告もなされています。

解説&テクニック

問題 1　正答⑤

①×　Broca野は前頭葉の前頭連合野（前頭前野）に位置しており、発語や書字など、運動性言語に関わっている。

②×　一次視覚野は後頭葉に存在している。

③×　一次運動野は前頭葉にある。

④×　Wernicke野は側頭葉に存在している。

⑤○　正しい。

> 大脳皮質の機能局在についての知識がないと、正答にたどり着くことは難しいので、どうしてもわからなかったらとりあえずどれかを選択し、速やかに次の問題に移るようにしましょう。ただ、脳の各部位と大まかな機能についての知識を持っていれば、②③④の選択肢は除外が可能で、①もブローカ失語についての知識があれば、それがどの位置にあるか検討をつけることが可能でしょう。

問題 2　正答①⑤

①○　正しい。

②×　側頭葉は主として聴覚に関わる領域である。

③×　頭頂連合野は、大脳皮質の他の領域で受け取った視覚・聴覚・体性感覚などを統合し認識することにより、物体の識別や空間認知を行っている。しかし、記憶の形成に関わっているのは海馬であるため、この選択肢は誤りである。

④×　失読失書は、読み書きの中枢である左角回の障害によって起こる。角回は頭頂葉の頭頂連合野の下頭頂葉に存在している。なお、大脳半球の働きには左右差があり、言語的、論理的思考をつかさどる側を優位半球、その対側を劣位半球という。

⑤○　正しい。前頭連合野は判断、思考、計画、企画、創造、注意、抑制、コミュニケーションなどの高次脳機能をつかさどっている。

> 大脳の生理学的機能についての知識がないと、判断ができない選択肢が多いです。しかし、正しいものを2つ選ぶ問題であるため、どれか1つでも除外できる選択肢を見つけられれば、正答率がぐっと高くなります。記憶を

つかさどるのは海馬であるという程度の知識さえあれば、少なくとも③を除外することはできるでしょう。脳の機能や名称の種類は細かく膨大であるため、全てを暗記することはかなり困難ですが、それでも諦めずに少しでも覚えておけば、選択肢の除外を行う際に役立つことがあります。ただ、どうしてもこの領域の暗記が性に合わず無理そうだと判断した場合は、この領域の問題はすっぱり諦めて、他の分野の勉強に力を注ぐのも、合格点をクリアするためには必要な方略です。

3 脳波

　脳波（electroencephalogram: EEG）とは脳内の電気的な活動を頭皮上の電位として間接的に測定したものであり、周波数を基準に分類されている。測定の仕方としては、頭皮上に複数の電極をおき、耳たぶに置いた基準電極との間で、それぞれの電位変動を記録する単極導出方法と、頭皮上の電極間で電位変動を記録する双極導出方法がある。

問題 1 (2018 年問 10)
　成人の脳波について、正しいものを１つ選べ。
①　α波は閉眼で抑制される。
②　α波は前頭部に優位である。
③　β波はレム睡眠で抑制される。
④　δ波は覚醒時に増加する。
⑤　θ波は認知症で増加する。

問題 2 (2018 年追問 99)
　睡眠について、正しいものを１つ選べ。
①　夢を見るのはノンレム睡眠である。
②　ノンレム睡眠は逆説睡眠とも呼ばれる。
③　陰茎の勃起が起こるのはレム睡眠である。
④　全身の骨格筋が緊張するのはレム睡眠である。
⑤　ノンレム睡眠は脳波によって第１期から第６期に分けられる。

解説&テクニック

問題1　正答⑤

①×　α波とは覚醒時の、特に目を閉じて安静にしている状態の時に後頭部に出現する脳波であるが、目を開いたり、外部からの刺激に反応したり、精神活動を行うことによって顕著に抑制される。

②×　α波は後頭部を中心に観察される脳波である。

③×　β波は開眼あるいは精神活動中の覚醒時に、前頭の中心部に出現する。

④×　δ波は深い睡眠の時間帯で見られる。

⑤○　正しい。θ波は入眠時など、睡眠の浅い時間帯で見られる。θ波やδ波は成人の場合、覚醒時には出現しない脳波であるため、これらが覚醒時に現れた場合、何らかの脳機能の低下が考えられる。

脳波についての基本的な知識がないと、全く歯が立たない可能性がある問題です。脳波の測定は基本的に目を閉じて行うのが基本であるため、心理学実験実習などで脳波の測定を行ったことがある方であれば、閉眼時に脳波が抑制されるという①の記述はおかしいと気づくことができるでしょう。脳波の基本的な種類とその特徴については、心理に関わる者としての常識として、ある程度は把握しておくことが望ましいですが、自分に不向きだと感じたのであれば、思い切ってこの領域の問題を捨てる選択をするのも、資格試験においては必要な判断であると言えるでしょう（ただし、その場合も空欄で提出するのは避けましょう）。

 キーワード解説

脳波

脳波の種類とその特徴については、ある程度の知識がないと回答できないタイプの問いが出される可能性があるため、基本的な部分はできれば記憶しておくことが望ましいです。特に、通常成人であればα波が優位であるものの、脳の萎縮が見られる高齢者においては周波数が減少することや、乳幼児の場合は閉眼安静時にθ波が優勢となるなど、イレギュラーなパターンについて覚えておくと、他の問題でも対応できる可能性が高まるでしょう。

また、α波はさらにその中で、まどろみ時に見られるパターンや集中時に見られるパターンなどによって、いくつかの分類がされていることも合わせて押さえておきましょう。

種類	周波数	特　徴
γ波	30Hz 以上	激昂時などに見られる
β波	14〜30Hz	開眼あるいは精神活動中の覚醒時や心配事について考えたり、イライラしたりしている時に出現する 前頭の中心部に出現する
α波	8〜13Hz	覚醒時、特に目を閉じて安静にしてリラックスしている状態の時に出現する 副交感神経系の活性時に出現する 後頭部に出現する 脳の萎縮が見られる高齢者などでは、周波数が減少する
θ波	4〜8Hz	入眠時など、浅い睡眠時に見られる レム睡眠時に見られる 成人の場合、覚醒時には出現しない 乳幼児は閉眼安静時に優勢となる（成人の場合はα波が優勢）
δ波	0.5〜4Hz	深い睡眠時に見られる ノンレム睡眠時に見られる 成人の場合、覚醒時には出現しない

問題2　正答③

①×　夢を見るのはレム睡眠である。

②×　逆説睡眠とは、深い睡眠状態でありながら脳波に覚醒時の特徴が現れる現象のことで、レム睡眠のことを指す。

③○　正しい。レム睡眠では夢の想起率が高いほか、自律神経活動の亢進が見られ、健康な成人男性はレム睡眠に同調して夜間勃起現象が見られることがある。

④×　レム睡眠では、抗重力筋の緊張が完全に消失するのが特徴である。

⑤×　ノンレム睡眠は脳波によって段階1から段階4に分けられる。

　　正答は③であるため、経験したことがある男性であれば簡単であったかもしれず、性差によって有利不利が生じてしまう問題であったといえます。レム睡眠とノンレム睡眠の特徴について理解していれば、比較的正答を導きやすい問題ですが、一部判別しにくい選択肢も混じっているため、迷った方もいるかもしれません。レム睡眠の "REM" とは "Rapid Eye Movement" の略

であり、睡眠中に眼球が素早く動くのが特徴であることを知っていれば、①や④の選択肢は除外が可能でしょう。②の逆説睡眠というのはややマニアックな名称ですが、眠っているのに目が動くという点が逆説的であると想像できれば望ましいです。⑤も、やや詳しい知識が必要になるため判別が難しいですが、①が誤りであり、夢を見るのがレム睡眠時だというところから、③が正答であると気づけるのが望ましいルートと言えるでしょう。

4 中枢神経と末梢神経

　神経系は、中枢神経系と末梢神経系から構成されている。このうち中枢神経系は脳と脊髄からなり、運動や感覚、自律機能など、生体の諸機能を統括する役割を担っている。一方末梢神経系は、末梢の各器官と中枢神経系とを結ぶ役割を担っている。まずはこの2つの分類と主たる機能について理解しておこう。

問題 1（2018 年問 87）
　中枢神経系のうち、意識水準の維持に必須の領域として、正しいものを1つ選べ。
① 小脳
② 前頭葉
③ 大脳基底核
④ 大脳辺縁系
⑤ 脳幹網様体

問題 2（2018 年問 25）
　自律神経系について、正しいものを1つ選べ。
① 交感神経系の活動が亢進すると、気道が収縮する。
② 交感神経系の活動が亢進すると、血圧が上昇する。
③ 副交感神経系の活動が亢進すると、瞳孔が散大する。
④ 副交感神経系の活動が亢進すると、発汗が減少する。
⑤ ストレスが加わると、副交感神経系の活動が亢進する。

問題 3（2020 年問 41）

　睡眠薬に認められる副作用として、通常は<u>みられないもの</u>を 1 つ選べ。

① 奇異反応

② 前向性健忘

③ 反跳性不眠

④ 持ち越し効果

⑤ 賦活症候群〈アクティベーション症候群〉

問題 4（2020 年問 129）

　副交感神経系が優位な状態として、正しいものを<u>2 つ</u>選べ。

① 血管拡張

② 血糖上昇

③ 瞳孔散大

④ 胃酸分泌の減少

⑤ 消化管運動の亢進

解説＆テクニック

問題1　正答⑤

①× 小脳は大脳小脳（新小脳）、脊髄小脳、前庭小脳の3つに区分され、四肢の動きの調節や体幹の動きの調節、平衡感覚などをつかさどっている。

②× 前頭葉は、随意運動のほか、言語や思考力、創造性、社会性などの高次機能に関わっている。

③× 大脳基底核は左右の大脳半球の深部に存在し、随意運動の調節などに関わっている。

④× 大脳辺縁系には辺縁葉、海馬、扁桃体、乳頭体、中隔核などがある。

⑤○ 正しい。脳幹網様体は中脳から延髄の正中付近の背中側に位置しており、意識レベル（覚醒レベル）の調整や、呼吸や循環の調整など、生命維持に関わる機能をつかさどっている。

> 前頭葉や小脳の基本的な働き程度の知識は、心理に関わる者として最低限理解しておくことが望ましく、その程度分かっていれば①と②の選択肢を除外することができるため、勘で選択肢を選んだとしても、正答する確率を5分の1から3分の1へ上げることができます。

 点に差がつくミニ知識

中枢神経系の構成

中枢神経系の基本的な構成である脊髄、脳幹、小脳、大脳の組み合わせは、脊椎動物であればほぼ共通してみられるものです。ただし、魚類や両生類、爬虫類では脳の大部分を脳幹が占めているのに対し、鳥類や哺乳類は大脳と小脳が大きく発達しており、ヒトであれば特に大脳新皮質が大きいなど、各部位の大きさや占める割合、形状は動物種によって異なっています。

中枢神経系の中でも脳は特に様々な役割や機能を果たしていますが、脊髄は反射、脳幹は呼吸や循環などの生命維持活動、小脳は運動の調節などをつかさどっています。大脳は間脳と旧皮質、新皮質に分かれ、間脳は自律神経機能や感覚情報、旧皮質は本能や情動、記憶、新皮質は知的活動などを主につかさどっています。

問題 2　正答②

①× 交感神経系の活動が亢進することによって呼吸が促進されるため、気道の収縮は起こらない。

②○ 正しい。

③× 瞳孔が散大するのは交感神経活動が亢進した際である。

④× 交感神経系の活動が亢進すると精神性の発汗が生じるが、副交感神経系の活動が亢進すると、精神性の発汗は減少するとはいえ、それ以外の発汗まで減少するとは限らないため、この選択肢は適切ではないと判断できる。

⑤× ストレスが加わると、交感神経系の活動が亢進する。

　交感神経系と副交感神経系についての基本的な働きについて理解していれば、その知識の応用で正答にたどり着けます。厳密な作用について暗記する必要はありませんが、交感神経系は基本的に「闘争か逃走か」に備える働きがあり、副交感神経系は心身をリラックスさせる働きがある、ということが分かっていれば、生活体が生命の危機にさらされている時、体にどのような変化が生じるかをイメージすることができると思います。すなわち、即座に筋肉を動かすことができるように心臓から身体中に多くの血液を送り、多くの空気を取り込み、手の平や足の裏を湿らせて滑りにくくさせ、瞬時に状況を把握するために瞳孔は拡大するということです。

 キーワード解説

交感神経と副交感神経

　各臓器に対する交感神経系と副交感神経系の作用は互いに拮抗することが特徴です。一般的に交感神経系は興奮に関する働き、副交感神経系は抑制に関する働きを担っており、両者の拮抗的作用によって生体のバランスが維持されているため、どちらかが優位になりすぎると、心身のバランスが崩れてしまいます。細かな作用について全て暗記する必要はありませんが、なぜそれぞれの神経系がそうした役割を担っているのかという理由や、それぞれの基本的な役割については、一通り頭に入れておくことが望ましいです。

交感神経系	緊急時に身体機能を総動員するのが基本的な役割
	反応は拡散的で、比較的長く持続するのが特徴
	副腎髄質に作用し、アドレナリンの分泌を促進する
	瞳孔の散大、精神性の発汗、心拍数の増加、血圧の上昇、呼吸の促進など
副交感神経系	交感神経系の作用によるものとは正反対の結果が生じる
	精神的、肉体的安静時に作用する
	瞳孔の収縮、心拍数の減少、血圧の低下など

 点に差がつくミニ知識 ——————————

神経の種類

　神経は、基本的に様々な情報を中枢や抹消に伝える働きを担っていますが、その役割によって大きく運動神経、感覚神経、自律神経に分類することができます。運動神経は大脳からの運動指令を骨格筋などに伝える役割を担っており、感覚神経は感覚受容器でキャッチした情報を大脳へ伝える役割を担っています。また自律神経は無意識的に働くのが特徴で、ホメオスタシスの維持に関わっており、交感神経系と副交感神経系に区別されます。

問題3　正答⑤

①③④○　睡眠薬の副作用の1つである。

②○　睡眠薬の副作用の1つである。抗不安作用の副作用として見られる場合がある。

⑤×　抗うつ薬の副作用の1つである。

> 「賦活化」の意味がわかるのが望ましいですが、「アクティベーション症候群」という別名も併記されていて、「アクティベーション」から「アクティブ」を連想し、何かが活性化する状態であるところまで想像できれば、鎮静、抑制系の作用がメインとなるであろう睡眠薬とは逆の症状であることがわかり、⑤が誤りであると判断することができます。

問題4　正答①⑤

①⑤○　正しい。

②③④×　交感神経系が優位な状態である。

選択肢の内容をグルーピングしていくことで正答にたどり着くことが可能です。まず、④と⑤は正反対の内容を示していることに気づきましょう。それを手掛かりに、緊張した時とリラックスした時に見られる現象とを分けましょう。②③④は「闘争か逃走か」の状態に追い込まれた時に見られる現象であるのに対し、①⑤はリラックスした状態の時の現象です。副交感神経系が優位な状態とは生体がリラックスした状態ですが、仮にそれを忘れていたとしても、選択肢を内容によって2つと3つに分けることができた時点で正答は明らかでしょう。

5　神経伝達物質

　神経伝達物質にはたくさんの種類があり、ニューロン同士や、ニューロンと効果器との情報伝達を仲介している。これらの神経伝達物質は、ニューロンの種類や存在している部位によって異なる機能を持っているため、基本的な名称と機能を理解しておく必要がある。

問題 1（オリジナル）
　セロトニンの役割として正しいものを1つ選べ。
①　信頼や愛着などの感情に関わる。
②　気分や食欲、睡眠を制御する。
③　身体の運動や意欲、学習を引き起こす。
④　覚醒状態の維持に補助的な役割を果たす。

問題 2（オリジナル）
　次のうち、ナルコレプシーに関わる神経伝達物質としてもっとも適切なものを1つ選べ。
①　オレキシン
②　セロトニン
③　ノルエピネフリン
④　ドーパミン
⑤　アセチルコリン

解説＆テクニック

問題 1　正答②

①×　信頼や愛着などの感情に関わっているのは神経ペプチドの一種であるオキシトシンである。

②○　正しい。

③×　身体の運動や意欲、学習を引き起こすのはモノアミン系のドーパミンである。

④×　覚醒状態の維持に補助的な役割を果たしているのはモノアミン系のヒスタミンである。

　　神経伝達物質の名称とその役割についての基本的な知識がないと正答にたどり着くことが難しい問題です。ただし①のオキシトシンについては、近年ハッピーホルモンや幸せホルモンなどと呼ばれ、母子関係を強固にするものとしても注目されているため、この機会に覚えておくと良いでしょう。ドーパミンやヒスタミンなど、神経伝達物質の中でも特に有名なものは、その名称とともに基本的な役割について覚えておくことが望ましいですが、どうしてもこうした名称の暗記が苦手ならば、思い切ってこの分野の問題を捨てる選択をするのも、時には必要です。

問題 2　正答①

①○　正しい。オレキシンは中枢神経系の様々な部位に作用し、睡眠覚醒の制御に関わっている。

②×　セロトニンは気分や食欲、睡眠を制御しており、抗うつ剤の薬効にも関わる神経伝達物質である。

③×　ノルエピネフリンはノルアドレナリンとも言い、中枢神経系の興奮や交感神経系の刺激などと関わっており、抗うつ剤の薬効にも関わる神経伝達物質である。

④×　ドーパミンは動機づけに関わる神経伝達物質で、身体の運動や意欲、学習などを引き起こす。ドーパミン神経が刺激されることによって直前の行動が強化されることから、ドーパミン神経は報酬系として知られている。

⑤×　適切ではない。アセチルコリンは運動神経や副交感神経で働く神経伝達物

質であり、アルツハイマー型認知症の患者は、大脳基底部のアセチルコリン神経細胞が減少していることが報告されている。

> 　ナルコレプシーに関する基本的な知識に加え、神経伝達物質についての知識が必要とされる問題です。アセチルコリンやドーパミンなど、比較的聞き馴染みのある単語が選択肢として挙げられていますが、それぞれの基本的な役割について理解していないと、正答することは困難かもしれません。セロトニンは睡眠を制御する神経伝達物質であるため迷うかもしれませんが、④のドーパミンはできれば最初に除去できることが望ましいです。比較的難易度の高い問題ですが、知識さえあれば確実に得点できる問題ともいえます。アルツハイマーやナルコレプシー、ジェットラグ（時差ボケ）などは出題されやすいテーマであるため、それらの症状と併せて、関係する神経伝達物質についてチェックしておきましょう。

 ## 点に差がつくミニ知識

睡眠と神経伝達物質

　神経伝達物質のうち、睡眠に関わる代表的なものはメラトニンとオレキシンです。メラトニンは近年、時差ボケの治療などにも用いられているため覚えておきましょう。また、オレキシンは睡眠過剰症の一つであるナルコレプシーに深く関わっていることが知られているため、併せて記憶の片隅に置いておきましょう。

 ## キーワード解説

代表的な神経伝達物質とその主な役割

　神経伝達物質には多くの種類があり、その役割も多様であるため、全てを暗記することは難しいですが、主要なものの名称と、それらの主な役割についてざっくりと理解しておくと、多様な問題に応用が可能になるほか、日常生活場面でも役立つことがあるため、一度は目を通しておきましょう。

GABA	中枢神経系にて、ニューロンの興奮を抑制する。
アセチルコリン	自律神経系の伝達や認知機能に作用する。 アルツハイマー型認知症では、大脳基底部のアセチルコリン神経細胞の減少が見られる。
ヒスタミン	覚醒状態の維持に補助的な役割を果たしている他、アレルギーや炎症反応にも関わっている。
ドーパミン	身体の運動、意欲、学習などに作用し、動機づけにも関わる。
ノルアドレナリン （ノルエピネフリン）	中枢神経系の興奮や、交感神経系の刺激などに関わる。抗うつ剤である SSRI や SNRI にはシナプス間隙におけるノルアドレナリンの量を増やす働きがある。
セロトニン	気分、食欲、睡眠を制御する。SSRI や SNRI にはシナプス間隙におけるセロトニンの量を増やす働きがある。
オレキシン	睡眠覚醒の制御に作用し、ナルコレプシーにも深く関わっている。
オキシトシン	信頼や愛着などの感情に関わるほか、乳汁射出作用がある。
グルタミン酸	学習や記憶機能に関わっている他、神経細胞にプログラムされた細胞死（アポトーシス）にも関わっている。

8 社会及び集団に関する心理学

1 対人関係

　人と人との対人関係を最も一般的な形で記述したのは Heider, F.（ハイダー）の認知的バランス理論である。Heider, F. は人（P）事物（X）もしくは人（P）他人（O）の二者関係あるいは P-O-X の三者関係の認知を、プラスもしくはマイナスの心情関係と、結合もしくは分離の単位形成関係から分析し、心情と単位の形成は互いに影響し合うという事実に基づき、バランスという力動的概念を提唱した。また、対人関係の中でも特に社会心理学の発展において重要なテーマとなったのは向社会的行動や援助行動である。向社会的行動とは、他者に利益をもたらすことを意図した行動のことで、援助行動もこれに含まれる。

問題 1 （2018 年追問 85）

　B. Latané と、J.M. Darley の理論による緊急時の援助行動までの以下の 1 から 5 の意思決定過程の順序について、正しいものを 1 つ選べ。

1　何か深刻な事態が生じているという認識
2　自分に助ける責任があるという認識
3　事態が危機的状況であるという認識
4　どうやって助ければよいかを自分は知っているという認識
5　援助しようという決断

①　1 → 2 → 3 → 4 → 5
②　1 → 2 → 4 → 3 → 5
③　1 → 3 → 2 → 4 → 5
④　1 → 3 → 4 → 2 → 5
⑤　1 → 4 → 2 → 3 → 5

問題 2 (2018 年追問 41)

　精神障害に対するスティグマ（差別、偏見）について、正しいものを 1 つ選べ。

① セルフスティグマを軽減する方法はない。

② 社会的スティグマは認知的側面と感情的側面の 2 つから構成される。

③ 社会的スティグマの強さと当事者の自尊感情との間には正の相関がある。

④ 対象への反応時間を測定することにより潜在的なスティグマが評価できる。

解説&テクニック

問題 1　正答③

　選択肢が全て1から始まっていて全て5で終わっている、というのが大きなヒントになっています。すなわち「何か深刻な事態が生じているという認識」からスタートし、「援助しようという決断」に至るまでの自然な流れを想像することができれば、知識がなくても解くことができます。自然に考えれば、「これはもしかしたら何か大変なことが起きているのかもしれない」「これはもしかしたら誰かが助けなくてはいけないほどの状況なのかもしれない」「これはもしかしたら自分が助けるしかないのかもしれない」「これなら助けられるかもしれない」「よし、助けよう」という流れになるはずです。そこで再度選択肢を見てみると、まず①②は事態が介入を必要とするような状況かどうかを判断する前に、自分の責任について考えているため、流れが不自然です。また、⑤も事態が危機的かどうか判断する前に、自分の力で助けられるかどうかを判断しているため不自然であるといえます。③④は自分の責任について判断するのが先か、どうにかできそうかを考えるのが先か、という順序のみが異なっているため、少し判断に迷う可能性がありますが、もし自分が緊急事態に遭遇した際は、どのような順で判断するだろうかということを冷静に分析することができれば、正答にたどり着けるでしょう。

問題 2　正答④

①× 　様々な研究により、軽減する方法が考案され、実証されている。特に、セルフスティグマの克服にはピア・サポートやセルフヘルプなどが重要だと考えられている。

②× 　誤りである。

③× 　自尊感情が低くなっている者ほど、他者を差別したり他者の不幸を喜んだりするなどの下方比較を行うことで自尊感情を高めようとする傾向があることが知られている。

④○ 　正しい。

「精神障害に対するスティグマ」についての知識がなくても、常識の範囲内で対応が可能な問題です。②は知識がないと判断に迷いますが、①は「方法はない」という表現が極端であり、③は自尊感情が高い方がスティグマが高い、という表現が不自然であるため選択肢から除外することができます。④は潜在的なスティグマについて述べていることがヒントであり、反応時間の測定についての基本的な知識があればすぐにこの選択肢が正しいとわかりますが、意識下に抑圧しているものがあると心的な処理に時間がかかるため反応時間が遅れるはずだということに気づければ、この選択肢が正しいと判断することができるでしょう。

 点に差がつくミニ知識

社会的ジレンマとは、個人の行動と集団や社会の利益が必ずしも一致しないことで起こる葛藤状態のことです。例えば、駅前の放置自転車、路上駐車などがあります。個人としては、禁止を無視して止めた方が通勤・通学に都合がよいですが、全員が同じように止めれば、社会全体としてみると、交通渋滞や通行の邪魔になります。社会的ジレンマの代表的なものとしては「共有地の悲劇」、ゲーム理論における「囚人のジレンマ」などが有名です。

共有地の悲劇：ある集団の中で、メンバー全員が協力的行動をとっていれば、メンバー全員にメリットがあった。しかし各自が、利己的に行動する非協力状態になってしまい、その結果、メンバー全員にデメリットになってしまうことを示唆したモデル。

囚人のジレンマ：各人が自分にとって一番魅力的な選択肢を選んだ結果、協力した時よりも悪い結果を招いてしまうこと。

内容⇒2人の容疑者が、別々の部屋で尋問を受ける。この2人が取る選択肢は「自白する」「自白しない」であるが、自白の状況によって受ける刑罰の重さが異なる。①1人が自白し、もう一方が自白しない場合、自白した方は無罪・自白しない方は懲役10年、②2人とも自白しない場合は懲役2年、③2人とも自白した場合は懲役5年。2人が互いの利益を考えて協力したら「自白しない」選択肢をとり、懲役が最も軽くなる。しかし、互いが自分の利益だけを追求して「自白する」ことを選択したら、「自白しない」を選択したよりも長い「懲役5年」の刑が科せられる。

2 対人認知

　対人認知とは、自分の周りにいる他者について、その人物がどんな人物か推測したり、その人物の内面について推測したりすることである。通常、他者の性格や感情表現の方法、その人物が他者に接する際の態度や対人関係等を参考にしながら、対人認知が行われているが、それらは必ずしも正確であるとは限らず、様々なバイアスを受けることが知られている。対人認知の研究の流れは大きく分けて2つあり、1つは人に対する知覚において、物に対する知覚と同様の知覚過程が認められるのかという知覚のプロセスを明らかにしようとするもの、もう1つは知覚する者と知覚される者との間の取り引きから対人関係を明らかにしようとするものである。

問題 1 (2018 年追問 10)

　周囲の状況の影響を十分に考慮せずに、他者の行動が内的属性に基づいて生じていると評価する傾向について、正しいものを1つ選べ。

① 対比効果
② 割増原理
③ 転向モデル
④ 対応バイアス
⑤ セルフ・ハンディキャッピング

問題 2 (2018 年問 13)

　社会的認知のバイアスについて、正しいものを1つ選べ。

① 他者の内面を実際以上に理解していると誤解することを透明性の錯覚〈透明性錯誤〉という。
② 集団の違いと行動傾向との間に、実際にはない関係があると捉えてしまうことを疑似相関という。
③ 観察者が状況要因を十分に考慮せず、行為者の内的特性を重視する傾向を行為者－観察者バイアスという。
④ 自分の成功については内的要因を、自分の失敗については外的要因を重視する傾向を確証バイアスという。
⑤ 人物のある側面を望ましいと判断すると、他の側面も望ましいと判断する傾

向を光背効果〈ハロー効果〉という。

解説&テクニック

問題1　正答④

④○　正しい。対応バイアスは基本的帰属錯誤とも呼ばれる。

> 　用語に関する知識がないと判断に迷う問題ですが、想像力を働かせること
> で、ある程度までは選択肢を絞り込むことが可能です。問題文をよく読め
> ば、これは認知のバイアスの話であることがわかるため、選択肢を④に絞る
> ことができますが、その判断ができなかった場合は用語と問題文の内容をよ
> く見ながら判断していくことになります。まず、⑤のセルフハンディキャッ
> ピングは社会心理学分野の基本的な用語であるため、この程度の知識はある
> ことが望ましいですが、仮にこの単語を知らなかったとしても、自分にハン
> ディキャップを課すという言葉の意味から、この説明に当てはまらないこと
> がわかるでしょう。また、①の対比効果については、説明文の中に対比に関
> する描写がないこと、②の割増効果についても説明文中に割増に関する描写
> が含まれていないことに気づけるとよいでしょう。

問題2　正答⑤

①×　透明性の錯覚とは、自分の内面や考えを実際以上に相手が理解してくれて
　　いると誤解することを指す。

②×　集団の違いと行動傾向との間に、実際にはない関係があると捉えてしまう
　　ことは錯誤相関（illusory correlation）という。疑似相関とは、2つの変数
　　の実際の相関が低い際、第3の変数の影響によって見かけ上高められた相関
　　のことを指す。

③×　観察者が状況要因を十分に考慮せず、行為者の内的特性を重視する傾向は
　　基本的帰属錯誤（基本的な帰属のエラー・対応バイアス）という。なお、
　　「行為者─観察者バイアス」とは、観察者が行為の原因を行為者の内的特性
　　に帰属する一方で、行為者自身は自分の行動の原因を状況要因に帰属する傾
　　向があり、この観察者と行為者の帰属のズレのことを指す。

④×　自分の成功については内的要因を、自分の失敗については外的要因を重視
　　する傾向はセルフ・サービング・バイアスという。

⑤○　正しい。光背効果は後光効果とも呼ばれる。

どれも社会心理学における基本的な理論について述べている問題ですが、用語に関する知識がない場合は苦戦する可能性があります。「○○のことを××という」の正誤を問うタイプの問題は、前半と後半の組み合わせが間違っているパターンや、「○○」の内容が間違っているパターン、「××」の名称が間違っているパターンなど、様々な誤答のタイプがあるため、書かれている内容によほどの矛盾がない限り、選択肢を絞り込むのも困難である場合があります。選択肢を絞り込めずに判断に時間がかかってしまいそうな場合は、とりあえずどれかをマークしておき、先の問題に進んで点を取ることを心がけていきましょう。

 点に差がつくミニ知識

集団と同調

　同調とは、他者の意見や信念と同じになるように調子を合わせることです。社会心理学では単に「同調」という場合、集団への同調を指すことが多いです。通常は少数派が多数派に同調することになり、集団規範に従うことが同調行動であるともいえます。同調の実験としては、線分の長さを比較させる Asch, S. E.（アッシュ）の研究が有名です。この実験は、基準になる線分と同じ長さのものを 3 本の線分の中から選択する単純な課題であり、1 人で行うとほぼすべての人が正答します。しかし、あらかじめ回答パターンを指示されている実験協力者（サクラ）6 人とともに座り、実験参加者は 5 番目に答えるという条件では、誤答率は 4 割に達し、実験参加者の多くが多数派（サクラ）への同調行動を示しました。この実験から、答えが明確な状況においても、人は同調行動を示すことが明らかにされました。

3 印象形成

　印象形成は Asch, S.E.（アッシュ）による用語である。Asch, S.E. は人の性格特性を表すいくつかの形容詞から作成されたリストを調査協力者に与え、その言語的情報からどのような印象が作られるかを研究した。その結果、情報が提示される順序が全体的な印象に影響を及ぼすこと、矛盾する情報が与えられると矛盾を起こす情報が無視された上で全体的な印象がまとめられることなどを明らかにした。また以下のように１つの単語以外すべて同じ単語のリストを示したところ、リストＢよりもリストＡの方が好ましい印象が形成されたことも明らかになった。このことから、同じ形容詞の中でも、全体的な印象に大きな影響を与える「中心特性」とそれほど影響を与えない「周辺特性」があることが示唆された。

　　リストＡ：聡明な⇒器用な⇒勤勉な⇒<u>あたたかい</u>⇒決断力のある⇒実際的な
　　　　　　　⇒用心深い
　　リストＢ：聡明な⇒器用な⇒勤勉な⇒<u>つめたい</u>⇒決断力のある⇒実際的な⇒用
　　　　　　　心深い

問題 1 （オリジナル）

印象形成について、<u>誤っている</u>ものを１つ選べ。

① 形容詞には、印象形成において印象を大きく左右する中心的特性と、印象形成においてあまり重要でない周辺的特性が存在する。
② 周辺的特性が中心的特性に変化することはない。
③ いくつかの形容詞が与えられた場合、最初に提示された語がその後提示された語よりも印象形成において重要な役割を果たすことを初頭効果という。
④ いくつかの形容詞が与えられた場合、最後に提示された語がその前に提示された語よりも印象形成において重要な役割を果たすことを親近効果という。
⑤ 実際に相手と会った際の印象や評価が、事前に与えられた情報に左右されることを期待効果という。

問題 2 (オリジナル)

　限定されたもしくは少ない情報からでも相手に対する全体的な印象を形成することができる現象を説明するものとして、最も適したものを<u>2つ</u>選べ。

① 　ピグマリオン効果
② 　暗黙の人格観
③ 　パーソン・スキーマ
④ 　互酬性
⑤ 　心理的リアクタンス

問題 3 (2018 年追問 150)

　14 歳の男子 A、中学 2 年生。A は日頃学業への取組が不十分であり、定期試験の答案が返却される度に、点数が低いのは自分に能力がないからだと考えていた。しかし、今回の定期試験では努力した結果、A は高得点をとることができた。A はたまたま問題が簡単だったからだと考えている。

　原因帰属理論に基づいて、A の担任教師が A の学業への取組を促すための対応として、最も適切なものを 1 つ選べ。

① 　次回のテストも簡単かもしれないから大丈夫だと伝える。
② 　今回は運が良かっただけなので慢心しないように注意をする。
③ 　A には高得点をとる能力があるのだということを繰り返し強調する。
④ 　問題が簡単だったからではなく努力したから高得点だったと強調する。

解説＆テクニック

問題1　正答②

①○　正しい。

②×　個々の形容詞の意味は、同時に与えられた他の形容詞の影響を受けて変化する。

③○　正しい。

④○　正しい。情報が与えられる順序によって形成される印象が異なる現象のことを、情報の提示順序効果という。

⑤○　正しい。

> 　知識が必要とされる選択肢が多いですが、ある程度選択肢を絞り込むことができる問題です。誤っている選択肢を１つ選ぶ問いであるため、内容がリンクしている①と②は、少なくとも一方は正しいことを述べているということになり、ここで少なくとも印象形成において「中心的特性」と「周辺的特性」の２種類が存在するということが明らかになります。その上で、もし①が正しいとするなら、状況や文脈によって形容詞から受ける印象は変わるはずであり、②の内容は不自然であるということに気づけると良いでしょう。また、②のように「ない」と言い切っている選択肢は注意しましょう。

問題2　正答②③

①×　ピグマリオン効果は、相手に対する期待が後に成就するように機能する効果のことを指し、教師期待効果とも呼ばれる。

②○　正しい。

③○　正しい。

④×　互酬性とは互恵性ともいい、社会的規範の一つである。

⑤×　心理的リアクタンスとは、自由が脅かされた際、その個人が自由を取り戻すべくそれに反抗するよう動機づけられた状態のことを指す。

> 　正しいものを２つ選ぶ問題であるため、基本的には似たような内容を示す選択肢を選べばよいでしょう。②は「人格観」という言葉の響きから、これが他者の人格に関する推論すなわち印象形成に関するものであることを見

抜きましょう。③は「スキーマ」という言葉の意味が分からないと判断に迷うかもしれませんが、その他の選択肢は明らかに誤りであるため、消去法でも対応することができるでしょう。

問題3　正答④

　帰属理論についての知識があれば、能力帰属ではなく努力に帰属させることが望ましいことがすぐに分かりますが、問題文をよく読めば常識的な判断でも正答を導き出すことが可能な問題です。A は努力した結果良い点を取ることができたのであるから、シンプルに④が正解となります。

点に差がつくミニ知識

　帰属理論とは、ある結果の原因を何に求めるのかという帰属過程がどのように行われるのかを理論化したものです。社会的認知に関する理論であり、Heider, F.（ハイダー）が提唱しました。

　対象となる人物の内面に原因があるとする場合を「内的帰属」、社会的・物理的環境や課題や運のような対象となる人物の外部に原因があるとする場合を「外的帰属」といいます。有名な理論として、Rotter, J.B.（ロッター）と Weiner, B.（ワイナー）により提唱された「原因帰属理論」があります。基本的な原因帰属理論では、「統制（内的統制 / 外的統制）」及び、「安定性（安定 / 不安定）」の次元で以下のように考えます。

	安　定	不安定
内的統制	①本人の先天的・潜在的能力が原因と考える	②本人の努力が原因と考える
外的統制	③課題の困難度が原因と考える	④運が原因と考える

　例えば、中学生が受験で失敗した場合は以下のような考えとなります。
①：「自分は頭が悪いから」
②：「勉強しなかったから」
③：「今回は難しい問題が出たから」
④：「運が悪かった」

4 集団

　集団とは複数の人々からなる社会的なまとまりのことであり、Lewin, K.（レヴィン）の定義によれば相互依存的関係にある成員たちの集まりを指す。例えば、会社や学校などの組織化された集団やサークルなど同じ趣味を持つ人々が集まった集団など、その形態は様々であるが、成員間に相互依存的関係が成立していなければ、それは集団ではなく、単なる集合状態にすぎない。また、①成員間に相互的一体感がある②共通の目標に向かっているという連帯感がある③特有の規範が成立している④役割の分化が進んでいるといった特徴が備わると、その集団らしさが明確になり、他の集団との区別が容易になることが知られている。

問題 1（2018 年問 14）

　集団思考〈groupthink〉に関する説明として、正しいものを 1 つ選べ。
① 集団内で同調圧が高いと感じるときに生じやすい。
② 集団意思決定の質は個人による意思決定に比べて優れている。
③ 集団構成員間の親密性が低いとき、思考や発言が抑制されやすい。
④ 集団で課題を遂行すると、一人当たりの成績は単独で遂行するときよりも低下する。
⑤ 緊急時に援助できる人が自分以外にもいる場合、自分しかいない場合より援助行動が抑制されやすい。

問題 2（オリジナル）

　集団に関する記述として、<u>誤っているもの</u>を 1 つ選べ。
① Kelly, H.H. によると、準拠集団の基本的機能には規範的機能と比較機能の 2 つがあり、集団に受容されたいと思う個人が自分の行動や態度をその集団の規範に合わせようとするのは前者の機能にあたる。
② ゲゼルシャフトとは、感情的な融和を基礎とした全人格的な結びつきのことであり、ゲマインシャフトとは、理知的および打算的な結びつきのことをさす。
③ 集団の凝集性が高いほど斉一性への圧力が生じ、規範遵守や同一化への集団圧力が高まる。
④ 集団への誘引力は、集団に加入する際の心理的なコストが大きいほど強くな

る傾向がある。

⑤　メンバー同士の心理的結びつきを基盤として形成される集団のことを第一次
集団といい、メンバー同士の心理的結びつきを前提としない、社会制度的に形
成された集団のことを第二次集団という。

問題1　正答①

①○　正しい。

②×　集団で意思決定を行うと、単独で意思決定を行った時に比べて決定内容は
より極端になりやすいことが知られているが、その内容が優れているとは限
らない。なお、決定内容が安全な方向に傾くことをコーシャス・シフトとい
い、逆にリスクが高い方向に傾くことをリスキー・シフトという。

③×　集団構成員間における同調圧力が高いと思考や発言が抑制されやすくなる
が、親密性が低いということは、必ずしも同調圧力が高いことを意味しな
い。

④×　これは集団思考に関する記述ではなく、集団による作業効率の低下、社会
的手抜き、リンゲルマン効果などで説明できる現象である。

⑤×　これは集団思考に関する記述ではなく、傍観者効果に関する説明である。
緊急時に援助できる人が自分以外にもいる場合、責任の分散により傍観者効
果が生じ、援助行動が抑制されると考えられている。

　集団思考に関する知識があれば迷わず解ける問題ですが、知識がなくても
常識の範囲内である程度まで選択肢を絞ることが可能です。まず、選択肢の
内容を眺めてみると「思考や発言が抑制」「成績が低下」「援助行動が抑制」
など、ネガティブな内容が多いことから、「集団思考」というのは「三人寄
れば文殊の知恵」とは違い、あまり良い意味の言葉ではなさそうだというこ
とに気づけると良いでしょう。その視点でみると、②の内容はポジティブな
内容であり、他の選択肢の内容と方向性が異なっているほか、内容的にも不
自然さがあることに気づきます。③④⑤はネガティブな内容について述べて
いますが、集団「思考」という言葉の意味から考えると③④⑤は発言や行動
に関する説明であり、「思考」の傾向について述べていないため、「説明」と
しては適切でないことに気づくでしょう。

問題2　正答②

①○　正しい。なお、比較機能とは、個人が環境を認知する際の準拠枠を与える機能のことを指す。

②×　全人格的な結合がゲマインシャフト、理知的・打算的結合がゲゼルシャフトである。

③○　正しい。

④○　正しい。認知的不協和理論などによって説明される現象であり、多くの実験によりこの現象が確認されている。

⑤○　正しい。Cooley, C.H. による分類である。

> 　用語に関する知識がないと正答を絞り切ることができないため、やや難易度の高い問題です。しかし、③や④は常識の範囲内の知識で正しい記述であることを見抜きましょう。第一次集団と第二次集団、ゲマインシャフトとゲゼルシャフトなどは問題を作りやすいキーワードであるため、ここでしっかりと概念を整理しておきましょう。

 キーワード解説

所属集団と準拠集団

　所属集団（membership group）とは、個人が実際に所属している集団のことを指します。一方、準拠集団（reference group・成員性集団）とは個人が態度や判断の拠り所としている集団のことを指し、所属集団と同じである場合もありますが、必ずしも同じであるとは限りません。

5 家族

　家族にまつわる心理的要因や影響を捉える家族心理学は、システムズアプローチを通して、家族をひとつのシステムとして捉えている。例えば、家族システム論では、子どもが不登校になった場合、不登校になった子どもに問題があると捉えるのではなく、保護者の養育態度、きょうだい関係など家族全員が問題に何らかの形で関与していると捉える（円環的因果律）。

問題 1 (オリジナル)
　Lee, J.A. による愛情の類型の説明として誤っているものを 2 つ選べ。
① 　mania は嫉妬や悲哀などの激しい感情を伴うのが特徴である。
② 　世界各地で大規模な現地調査を行った結果得られた知見である。
③ 　agape と ludus とでは、前者の方が自己犠牲的である。
④ 　日本の大学生を対象とした調査の結果、愛情の傾向に男女差は見られなかった。
⑤ 　外見に惹かれて始まることが多いのが eros の特徴の一つである。

問題 2 (2018 年追問 86)
　家族システム論について、最も適切なものを 1 つ選べ。
① 　家族システムには上位システムと下位システムがある。
② 　家族成員間の境界があいまいな家族を遊離家族という。
③ 　G. Bateson の一般システム理論の影響を受けて発展してきている。
④ 　家族の中で問題行動や症状を抱える人を FP〈Family Patient〉という。
⑤ 　家族内で、1 つの原因から 1 つの結果が導かれることを円環的因果律という。

キーワード解説

　Lee, J.A.（リー）は、愛情の類型として以下の６つのタイプを示しました。
基本の３つとその組み合わせからなる３つを確認しておきましょう。

eros （エロス） 情熱的な愛	全てを忘れて夢中になるような情熱的な恋愛 外見に惹かれて始まることが多く、長続きしにくい
ludus （ルーダス） ゲーム的な愛	楽しむことを重視する恋愛 相手に執着せずに距離をとり、複数の相手と恋愛できる
storge （ストーゲイ） （ストルゲ） 友愛	時間をかけながら徐々に育まれていく恋愛 比較的長期間の交際において、互いに自己開示をし、共有できる部分を広げていく
mania （マニア） 熱狂的な愛	エロスとルーダスの組み合わせ 独占欲が強く、嫉妬心や悲哀などの喜怒哀楽の感情が激しい 相手に強く依存し、拒絶されることを恐れる
pragma （プラグマ） 実際的な愛	ルーダスとストーゲイの組み合わせ 恋愛を手段の一つと考え、相手の選択に様々な基準を立てる 互いの現実的な欲求を満足させることを冷静に求める恋愛
agape （アガペ） 無償の愛	エロスとストーゲイ（ストルゲ）の組み合わせ 利他的な無償の愛 無条件に相手に与え、相手からのお返しは期待しない

解説＆テクニック

問題1　正答②④

① ○　正しい。

② ×　Lee, J.A. は多くの文学作品や面接調査の内容を分析し、互いに独立した愛の概念として6つの類型を見出した。

③ ○　正しい。agape（アガペ）は相手の利益を優先し、そのためには自己犠牲をも厭わない愛のことを指し、ludus（ルーダス）は恋愛をゲームとして捉え、相手に執着しない愛のことを指す。

④ ×　松井豊らによる首都圏の大学生を対象とした調査の結果、男子学生は agape の傾向が強いのに対し、女子学生は ludus や pragma（プラグマ）の傾向が強い可能性が示唆された。

⑤ ○　正しい。

> 　知識があれば楽に解ける問題ですが、知識がなくても常識の範囲内である程度まで選択肢を絞り込むことが可能です。誤っているものを2つ選ぶ問題であるため、正しいものを選ぶ問題よりも難易度はやや下がります。④については、調査の内容を知らなくても、大抵の調査において多少なりとも男女差は見られるのが一般的である上、男性と女性の愛情の形が同じであるとは考えにくいため誤りであると見抜くのは比較的簡単であり、確実に得点しましょう。それ以外の選択肢はやや迷うかもしれませんが、エロスやマニアなど、日常的にも耳にする機会がある単語であるため、できるだけ想像力を働かせて正答を導きたいところです。アガペはキリスト教における神の愛として用いられることもある用語ですので、この機会に覚えておきましょう。

問題2　正答①

① ○　正しい。

② ×　家族成員間の境界があいまいな家族の関係は「絡み合った関係」と言われ、そのような家族は「求心的家族（Centripetal family）」と呼ばれる。逆に乖離し過度に硬直した境界を持つ家族の関係は「乖離した関係」であり、「遠心的家族（Centrifugal family）」と呼ばれる。

③ ×　一般システム理論は Bertalanffy, L.V.（ベルタランフィ）によるものであ

り、G. Bateson（ベイトソン）は二重拘束性コミュニケーション（ダブルバインド仮説）の提唱者である。

④× 家族の中で問題行動や症状を抱える人は IP（Identified patient）という。

⑤× 1つの原因から1つの結果へという一方向の因果の流れではなく、双方向的かつ円環的な因果の流れのことを円環的因果律という。

　①や③など、知識がある程度ないと正誤の判断が難しい選択肢が比較的多い問題ですが、よく選択肢を読むことで誤りに気づけるものもあります。例えば⑤は「1つの原因から1つの結果へ」という一方向の流れであるため「円環」という表現は違和感があることが分かるでしょう。また、②は家族成員間の境界が曖昧ということはすなわちお互いの距離が近くなっているということであるため「遊離」という言葉の意味との間に齟齬があります。

 点に差がつくミニ知識 ━━━━━━━━━━━━━━━━

　家族療法とは、家族を一つのまとまりを持ったシステムとみなし、その家族システムを対象としてアプローチしていく家族システム論に基づいたアプローチ方法です。家族という生きたシステムの中では、ある現象が何らかの原因にもなり、結果にもなるという因果関係の円を作ると考えます（円環的因果律）。例えば、登校しぶりを示す子どもがいるとします。家族療法では、家族システムの中で登校しぶりを示す子どもはたまたま学校に行きたくないという症状を出しただけであり、この子だけの問題として捉えません。子どもがより力を発揮できるように家族全体のシステムの問題として捉え、カウンセリング等を実施します。子どもの登校しぶりという状況は、嫁姑関係が上手くいっていないという母親のストレスが原因になりうることもあり、また子どもが学校を休んでいることで嫁姑関係を悪化させることにもなりえます。さらには、学校に通っているきょうだいにまで影響を与えることもあります。ひとりの変化が、家族システム全体に変化をもたらし、また家族システム全体の変化は、ひとりの変化をもたらすことになります。家族療法ではこのような家族システム論の視点から援助を行っています。

9 発達

1 乳幼児期の発達

　乳幼児期の発達は目まぐるしいものである。特に0歳児の発達は、月齢によって大きく異なる。0〜5歳の乳幼児期の発達については、具体的に記載されている保育者養成等のテキストの一覧表に目を通しておくとよいだろう。以下、簡単にその年齢の発達について記す。

　0歳児：新生児期の原始反射に始まり、1年間で多様な運動発達を遂げる。共同注意などで他者とのコミュニケーションをはかり、周囲の言葉を理解し、1歳の誕生日前後には有意語が出てくる。

　1歳児：言葉の広がりをみせ、手指の巧緻性が高まる。1歳6か月健診では、有意語が出ていることが重要である。「ママ、好き」などの二語文も出てくる。積み木を車に見立てるなどの見立て遊びも出てくる。

　2歳児：「魔の2歳児」とも呼ばれ、イヤイヤ期ともいわれる。なんでも自分でできると思っている時期で、例えば、保護者が服を着せると、自分で着たかったと怒り、服を再度脱いで着なおすなどの行動が見られる。おままごとなどで家庭生活の再現などを楽しむ。

　3歳児：3歳児健診では、簡単なやりとり（名前を聞かれ答える、誰と健診に来たか、どういう手段で健診会場まで来たかなどの質問に、子ども自ら答えることを求められる）、色の識別等を問われることが多い。ルールのある遊びも楽しめるようになる（おーちたおちた等）。

　4歳児：ボールを持ちながら走るなど同時に2つのことができるようになる。少しずつ文字への関心も高まる。自分の気持ちを伝える力が高まる。

　5歳児：ドッジボールなどの集団遊び、トランプやカルタなどの文字や数量を使う遊びを楽しむ。文字への関心も高まり、絵本を読もうとしたり、お手紙ごっこをしたりする。サリーアンなどの心の理論課題を通過するのも概ね5歳である。

問題 1 (2018 年問 31)

　生後 6 か月頃までの乳児が示す発達的特徴について、不適切なものを 1 つ選べ。

① 対面する他者の視線方向を目で追う傾向がある。

② 目鼻口が正しい配置にある顔図形を選好する傾向がある。

③ 他児の泣き声を聞くと、つられるように泣き出すことがある。

④ 曖昧な状況で養育者の表情を見てからその後の行動を開始するようになる。

⑤ 目の前で舌を出す動作を繰り返し見せると、同じような顔の動きをすることがある。

問題 2 (2018 年問 90)

　ストレンジ・シチュエーション法によるアタッチメントのタイプ分類（Ａ：回避型、Ｂ：安定型、Ｃ：抵抗／アンビバレント型、Ｄ：無秩序・無方向型）について、最も適切なものを 1 つ選べ。

① Ａタイプの養育者は、子どもに対して虐待など不適切な関わりをしていることが多い。

② ＡタイプとＣタイプの子どもは、再会場面で感情が元どおりに回復せずに、怒りの感情を表すことがある。

③ ＢタイプとＣタイプの子どもは、分離場面で強く泣くなどの苦痛を表出する。

④ Ｃタイプの養育者は、子どもに対して拒絶的にふるまうことが多い。

⑤ Ｄタイプの養育者は、子どものシグナルに養育者自身の都合で応答するなど一貫性を欠く傾向がある。

解説＆テクニック

問題 1　正答④

①○　正しい。

②○　正しい。Fantz, R.L.（ファンツ）の実験（選好注視法）が有名である。

③○　正しい。情動伝染という。

④×　表情を見てからその後の行動を開始するようになるのは 6 か月よりも後の時期である。

⑤○　正しい。新生児期の特徴である。

> 　選択肢を眺めると、状況理解などの高度な力を要求しているものが④です。そのことを頭に入れて、6 か月頃までの特徴かそれ以降の特徴かを判断します。すると④は、例えば、今ここでこの遊びをしていいかどうかよく分からない「曖昧な状況」でいつものような笑顔でない「養育者の表情」をみて、乳児が状況判断を行い、「その後の行動を開始」することは、6 か月頃までにはできない力であることが分かります。このような視点で選べば④が正答と分かるはずです。

問題 2　正答③

①②④⑤×　誤りである。

③○　正しい。

> 　ストレンジ・シチュエーション法に関する基本的な知識を持っていることに加え、問題文を読み込むことも必要です。知識がない場合は、「A：回避型、B：安定型、C：抵抗／アンビバレント型、D：無秩序・無方向型」という言葉のイメージと、選択肢の内容を照らし合わせて判断するとよいでしょう。①は虐待された子どもがどういう反応を示すかと考えたら、「A：回避型」よりは「D：無秩序」に近いものと想像でき、×と判断できます。②は回避型にもかかわらず怒りを表す、という内容が矛盾しており×と判断できます。③は母親と分離するときに強く泣くという様子は、保育園に通い始めた子どもによくあることとイメージすれば、○と判断できます。④は「養育者」が、「子どもに対して拒絶的にふるまうことが多い」ため子どもが

回避型となると捉える方が適切な結びつきといえ、×と判断します。⑤は、Dタイプの養育者自身が虐待や精神疾患等を有していることが多いため、養育者自身の都合というより、心的外傷や疾患等の関与が強いです。そのため×と判断できます。

 点に差がつくミニ知識

ストレンジ・シチュエーション法による愛着のタイプ

ストレンジ・シチュエーション法により、アタッチメントは4つに分類されます。

1. 「Aタイプ：回避型」：母親と分離しても泣かず、再会時に母親を避ける行動をとる。
   養育者の態度：子どもの反応が弱いため当初は過干渉的であるが、子どもの反応がないため、次第に母親も反応が乏しくなる。

2. 「Bタイプ：安定型」：分離時に多少混乱し、再会時に積極的に母親に接触しようとする。分離時に泣いたとしても再会時に容易に鎮静することが可能である。
   養育者の態度：一貫性のある反応を示す。

3. 「Cタイプ：抵抗／アンビバレント型」：分離時に強く混乱し、強く泣く。再会時は母親を強く求める一方で、母親を叩くなど激しい怒りを示す。
   養育者の態度：子どものシグナルに対して敏感だが、一貫性のない対応が見られる。例えば、子どもに攻撃されるため、母親が子どもの相手ができるゆとりのある時のみ対応するなど。

4. 「Dタイプ：無秩序・無方向型」：接近と回避の両方を示し、意図が読めない行動をする。
   養育者の態度：養育者の精神疾患・虐待などの病理等に影響を受けている。

2 学童期・青年期の発達

問題 1 (2018 年追問 111)

青年期の特徴として、不適切なものを 1 つ選べ。

① 心理的離乳
② 直観的思考
③ モラトリアム
④ 2 次性徴の発現
⑤ 発育のスパート

問題 2 (オリジナル)

　小学 1 年生の男子 A は、保育園を卒園し、小学校へ入学する年の 4 月 1 日に小学校に併設されている学童に入所した。A は入所当初保育園との違いや初めての場所への緊張や戸惑いを覚えていた。保育園の友人 B も同じ学童保育に入所しており、初日は二人でお弁当を食べた。翌日 A は朝から涙ぐんでいた。以下の選択肢において、不適切なものを 2 つ選べ。

① 6 歳から 12 歳は、子どもの発達の時期区分において幼児期と思春期・青年期との間にあり、学童期と呼ばれる。
② おおむね 6 歳から 8 歳の子どもは、学校生活の中で読み書きや計算の基本的技能を習得し、日常生活に必要な概念を学習し、係や当番等の社会的役割を担う中で、自らの成長を自覚していく。
③ A については、指導員は、幼児期の発達的特徴も見られる時期であることを考慮する必要がある。
④ 学童保育の特徴として、異年齢での集団遊びがある。
⑤ 指導員は、学童は保育園とは異なるため、A に頑張って早く学童に慣れるよう伝えた。

点に差がつくミニ知識 ━━━━━━━━━━━━━

小学校生活と放課後

　現在共働き家庭が非常に多いため、学童保育を利用する子どもも多いです。保育園・幼稚園を卒園した子どもは、4月1日から小学校の入学式までは、学童保育に朝から夕方まで通います。小学校が始まれば、学校が終わったら学童に移動し、放課後を過ごします。学童保育によっては班活動が盛んで、子どもは様々な遊びを同学年だけでなく異学年と遊ぶことで、異年齢での交流を図ります。学童保育は、学校がある日の放課後、土曜日、長期休業中に子どもを保育する場所で、子どもにとっては第2の家庭といわれています。

　最近では、小学校の体育館や校庭を放課後開放し、保護者の就労は関係なく子どもの遊びを見守る「放課後子ども教室推進事業」が実施されています。文部科学省によると、「放課後子ども教室推進事業は、放課後や週末等に小学校の余裕教室等を活用し、子どもたちの安全・安心な活動拠点（居場所）を設け、地域の方々の参画を得て、学習活動やスポーツ・文化芸術活動、地域住民との交流活動等の取組を実施することにより、子どもたちの社会性、自主性、創造性等の豊かな人間性を涵養するとともに、地域の子どもたちと大人の積極的な参画・交流による地域コミュニティーの充実を図る事業である。」とされています。実際には、保護者の有償ボランティアで、放課後の子どもの遊びが見守られていることが多いです。

問題 1　正答②

①③④⑤○　正しい。

②×　不適切である。児童期の特徴である。

> 　消去法で正答を導くとよいでしょう。青年期は独り立ちの時期です。そのことを踏まえ選択肢を眺めると、①③は○と判断できます。④⑤は思春期の方が適切なのではないかと迷いが生じたかもしれません。それゆえ△とします。②は、社会人になる青年期において論理的思考が求められることから、ここは×と判断できます。よって、②が正答です。

問題 2　正答①⑤

①×　不適切である。学童期ではなく、正しくは児童期である。

②③④○　正しい。

⑤×　不適切である。

> 　①は学童期という表現でよいのか悩むところであり△とします。②は低学年への表記内容であろうと推測し、○と判断できます。③については、小学1年生になったばかりなので、当然そのような配慮はすべきであり○と判断できます。④は学童保育に足を運んだことがなければイメージが難しいかもしれませんが、小学校の大きさに比し、学童保育の施設面積が狭いことはニュース等を耳にしていたら想像ができると思います。そこから、保育園や幼稚園のようにクラスごとに分けられた部屋がないであろうことが想像できたら、同じ施設内に異年齢で活動していることがわかり○と判断できます。⑤は子どもへの対応として不適切とすぐに判断できます。よって正答は△と判断した①と⑤を導くことができます。

3 ピアジェ

問題 1 （2018 年問 89）

J.Piaget の発達理論について、正しいものを 1 つ選べ。

① 外界に合わせてシェマを改変する過程を「異化」という。

② 「具体的操作期」になると、速度、距離、時間など変数間の数量的な関係が理解できるようになる。

③ 「自己中心性」とは、何事も自分中心に考える幼児期の利己的な心性を表し、愛他心の弱さを特徴とする。

④ 積木をサンドイッチに見立てて食べるまねをするような「ふり遊び」は、表象の能力が発達する幼児期の後半から出現する。

⑤ 水を元のコップよりも細長いコップに入れ替えると液面が高くなるが、幼児期の子どもは水の量自体も変化したと考えてしまう。

問題 2 （2019 年問 128）

J. Piaget の発達段階説について、正しいものを 2 つ選べ。

① 発達段階は個人によってその出現の順序が入れ替わる。

② 感覚運動期の終わり頃に、延滞模倣が生じる。

③ 前操作期に入ると、対象の永続性に関する理解が進む。

④ 形式的操作期に入ると、仮説による論理的操作ができるようになる。

⑤ 具体的操作期に入ると、イメージや表象を用いて考えたり行動したりできるようになる。

解説＆テクニック

問題1　正答⑤

①②④×　誤りである。

③×　ここでいう自己中心性とはセルフィッシュ（利己的）の意味ではなく、自分からのものの見え方に縛られるという意味である。三つ山課題などによって示される特性である。

⑤○　正しい。

　①は日本語の問題として、「外界に合わせてシェマを改変する過程」は調節等の言葉の方が文脈として合うため×と判断できます。②は「速度、距離、時間など変数間の数量的な関係が理解できる」ことは論理的・抽象的な思考であることが推測され、選択肢の「具体的操作期」という単語の意味合いと合わないため×と判断できます。③は自己中心的という意味の説明としては正しいですが、「自己中心性」という意味合いが自己中心的な意味合いと重なるのかどうか疑問が生じるため△としておきます。④は1歳児くらいの子どもが公園で砂をケーキに見立てて作っている姿などを想像すれば、「幼児期の後半」ではないため×と判断できます。⑤は自分の子どもの頃を振り返ると、○と判断できます。同じ量のジュースでも細長いコップに入った方が高さがあり、量が多いからそっちがいいとだだをこねる姿が想像できたら○と判断できます。よって、③の△を消して、⑤を正答と導けます。

問題2　正答②④

　消去法で正答を導くとよいでしょう。①は普通に考えて、個人差により発達段階の順序が入れ替わるなら発達の基本（順序性等）が意味をなさないことになるので×とわかります。②は保育園の子どもが担任のまねを帰宅後に行っていることをイメージできれば○か△と判断します。③は「対象の永続性」は感覚運動期のキーワードなので×と判断できます（「いないいないばぁ」を思い浮かべると乳児期であることがわかります）。④は小学校高学年が形式的操作期（11歳〜）に該当することがイメージできたら、「仮説による論理的操作ができるようになる」ことは○と判断できます。⑤は保育園

の子どもが「ごっこ遊び」していることがイメージできたら、具体的操作期（7〜11歳）ではなく前操作期（2〜7歳）であるとわかり×と判断できます。したがって、〇か△と判断した②と④が正答と導き出せます。

 点に差がつくミニ知識 ―――――――――――――――――

ピアジェの発達理論

①感覚運動期（0〜2歳）：感覚を通し外界の物事をとらえ、その物に直接的に働きかけることなどの具体的な行動を通して外界を認識する時期。例：赤ちゃんが自分の手足をなめる、おもちゃを口に加えるなど。

②前操作期（2〜7歳）：イメージや表象を用いて考えて行動できるようになる時期。前操作期の特徴は、自己中心性（自分の視点を中心にした見方）、保存性の未発達（同じコップに入った同量の水を細長いコップに移し替えた場合、水量は実質変化していないが、保存性が未発達の子どもは細長いコップの水量が多いと判断する）、アミニズム的思考（生き物ではないものを生きているものと捉える状態）。この時期は、自分の視点を中心にした見方で生きているため、保育園・幼稚園、小1前半での子ども同士のトラブルが多い。

③具体的操作期（7〜11歳）：保存性の概念を習得し、論理的な思考ができるようになる時期。自己中心性から脱却し、相手の立場にたった考え方もできるようになるため自己中心性に基づく対人トラブルは減る。脱自己中心性をはかる「三つ山課題」をクリアできる。

④形式的操作期（11歳〜）：論理的思考の時期。仮説に基づいて結論を導くことができる。数学的思考が可能となる。

4 エリクソン

問題 1 （2018年問15）

E.H. Erikson のライフサイクル論について、最も適切なものを1つ選べ。

① 人の生涯を6つの発達段階からなると考えた。

② 成人期前期を様々な選択の迷いが生じるモラトリアムの時期であると仮定した。

③ 青年期を通じて忠誠〈fidelity〉という人としての強さ又は徳が獲得されると考えた。

④ 各発達段階に固有のストレスフルなライフイベントがあると仮定し、それを危機と表現した。

⑤ 成人期後期に自身の子どもを養育する中で、その子どもに生成継承性〈generativity〉が備わると考えた。

問題 2 （オリジナル）

E.H. Erikson による学童期の発達課題および獲得する力として、適切なものを2つ選べ。

① アイデンティティの確立

② 基本的信頼

③ 自律性

④ 勤勉性

⑤ 有能感

点に差がつくミニ知識

エリクソンのライフサイクル論

①人間の発達段階を8つに分けている。

②各発達段階に「心理社会的危機」がある。

③人間は心理社会的危機を乗り越えることで、「力」を獲得する。

時期名（年齢区分）：心理社会的危機：獲得する力

1. 乳児期（0歳〜1歳6ヶ月頃）：基本的信頼感 vs 不信感：希望

2. 幼児前期（1歳6ヶ月頃〜4歳）：自律性 vs 恥・羞恥心：意思

3. 幼児後期（4歳〜6歳）：積極性（自発性）vs 罪悪感：目的

4. 児童期・学齢期（6歳〜12歳）：勤勉性 vs 劣等感：有能感

5. 青年期（12歳〜22歳）：同一性（アイデンティティ）vs 同一性の拡散：忠誠性

6. 成人期前期（就職して結婚するまでの時期）：親密性 vs 孤立：愛

7. 成人期後期：壮年期（子供を産み育てる時期）：世代性 vs 停滞性：世話

8. 老年期（子育てを終え、退職する時期〜）：自己統合（統合性）vs 絶望：英知

＊「ライフサイクル論」が8文字なので、そこから8つの発達段階と意味付けして覚えるのもよいでしょう。

問題1　正答③

①④⑤× 　誤りである。

②× 　誤りである。モラトリアムは青年期の特徴である。

③○ 　正しい。

> ①は6つが正しいかどうか分からなければ△にするしかありません。②モラトリアムは青年期の特徴として有名であるためすぐに×と判断できます。③は、自分自身が大学時代を思い出し、就職する前の時期に「人としての強さ又は徳」を学べたかどうかをイメージすると、○に近い△がイメージできると思います。④は、「ライフイベント」という単語がエリクソンの考え方とそぐわず×に近い△と判断します。⑤は、日本語を読み込むと、「生成継承性」が子どもに備わるのか成人期後期のその人自身に備わるのかを考えたら、後者であろうと判断がつき、×と判断できます。残るは①②③です。①に関しては、自分自身で思いつく○○期をさっと書き出し、その数から①が正答かどうか判断するか、時間がなければ、①△、②×に近い△③○に近い△という判断状況の中で、③が正答に近いであろうと判断します。

問題2　正答④⑤

①③× 　誤りである。

②× 　誤りである。基本的信頼は、乳児期に獲得する力とされている。

④⑤○ 　正しい。

> 知識がなくとも想像力を働かせて消去法で正答を導けるとよいでしょう。学童期の子どもは何をして過ごすかを考えると、学習であることはすぐにわかります。学習を積み重ねていくことで自分に自信をもち、自分に能力があることを感じる、ということがイメージできたら、そこにそぐわない①②③を消去でき、④⑤を正答と導くことができます。

5 老年心理学

問題 1 (2018 年追問 33)

　高齢期に関する理論とその理論が重視する高齢期の心理的適応の組合せについて、誤っているものを 1 つ選べ。

① 活動理論 　―　 中年期の活動水準を維持すること

② 離脱理論 　―　 社会的活動から徐々に引退すること

③ 老年的超越論 　―　 物質的で合理的な世界観を捨て、宇宙的な世界観を持つこと

④ 社会情緒的選択理論 　―　 情緒的安定のために他者からの知識獲得を行うこと

⑤ 補償を伴う選択的最適化〈SOC〉理論 　―　 喪失を補償すべく領域を選択し、そこでの活動を最適化すること

問題 2 (2018 年問 125)

　高齢期の心理学的適応について、正しいものを 2 つ選べ。

① ソーシャルコンボイを維持又は補償できるかということは適応を左右する要因の 1 つである。

② 退職後は以前の高い活動性や社会的関係から、いかに速やかに離脱できるかによって左右される。

③ 能力低下への補償として、活動領域を選択的に限定し、従来とは異なる代替方略を用いることが有効である。

④ 未来志向的に自身のこれからを熟考させることが、自身の過去への関心を促し回想させるよりも有効とされている。

⑤ 適応が不安定になる 1 つの要因として、高齢期になると流動性知能に比べて結晶性知能が著しく低下することが挙げられる。

解説＆テクニック

問題1　正答④

①②③⑤○　正しい。

④×　誤りである。

> 　知識がない場合、日本語を読み込み、理論名と「理論が重視する高齢期の心理的適応の組合せ」が文脈としてマッチングしているかどうかという視点で判断するとよいでしょう。①は会社を退職しても趣味を維持するなどがイメージでき、○と判断できます。②は年齢による退職などがイメージでき、○と判断できます。③は、末期がんになったとしてもあたふたせず静かに生を全うする姿などがイメージでき、○と判断できます。④は「選択理論」という名称と幅広い知識の習得という「他者からの知識獲得を行うこと」が文脈としてそぐわないため×と判断できます。⑤は例えば若いころより1週間のランニングの回数や一度に走る距離を減らす、ゆっくり走るなどがイメージでき、○と判断できます。よって④を正答と導くことができます。

問題2　正答①③

①○　正しい。

②×　誤りである。

③○　正しい。

④×　誤りである。

⑤×　誤りである。高齢期に低下するのは流動性知能であり、結晶性知能は生涯にわたって伸ばすことが可能である。

> 　選択肢をながめると、ひっかけキーワードがいくつかあります。②の「いかに速やかに離脱できるか」③「回想させるよりも有効」は△である可能性を疑います。また⑤は流動性知能・結晶性知能を正しい位置と入れ替えていることがすぐに読み取れ×と判断できます。以上を踏まえ再度選択肢を読み込むと、①③は内容的に○と判断できます。

ソーシャルコンボイとは、個人のネットワーク構造を表す用語です。コンボイとは護衛艦のことを意味します。航海するとき、戦艦の周りを何隻もの護衛艦が囲み、守られているイメージを持つとよいでしょう。P（個人）にとってソーシャル・サポートの点から重要である人々が、そのP（個人）と親密さの程度で異なる人々（コンボイ構成員）が層をなして取り囲みます。内側の層ほど親密度が

高くなっており、役割変化の影響を受けにくいとされています。高齢期の場合、ソーシャルコンボイにおける親密な人の他界等を経験することが少なくありません。それゆえ、ソーシャルコンボイを維持又は補償することは重要なことです。

COLUMN

乳幼児健診の仕事内容・注意点と１日の流れ

　乳幼児健診事業は「母子保健法」に基づいています。１歳６か月児健診、３才児健診は「法定健診」とも呼ばれていて、どの自治体でも必ず実施しています。その際に心理職が配置されています。自治体によっては心理職のほかに言語聴覚士や作業療法士も配置されています。

　乳幼児健診での問診、身長、体重、歯と体の診察等の結果を伝える場面で、発達のゆっくりな子どもの場合、保健師から心理相談を勧めた場合、小児科医の診察で「心理フォロー」が必要と判断された場合、保護者自らのニーズがある場合に、心理職が面談します。そのため、相談に意欲的な保護者もいれば、納得せずに相談にきた保護者もいます。ある自治体では、面談前に保健師が、心理職のところにケースの概要を伝えに来ます。

　この日は１歳６か月健診で、健診前に保育園の担任から、あるお子さんについて、指差し（－　：指差しがないことを意味します）、視線が合わな

い、有意語（＋：有意語があることを意味します）の情報提供があり、できればどこかにつなげてほしいという申し出があったことなどが伝えられ、この時点でケースの状況を簡単に見立てます。その後、親子に相談の部屋に来てもらいます。心理職が保護者の相談を受けている間に、保健師がお子さんについて一緒に遊びながらアセスメントをします。心理職も保護者の相談を受けながら時折お子さんと話したり、行動観察したりして、アセスメントを行います。保護者の受け入れ状況などを確認し、「保育園でどんな手立てをしたらいいか園側に伝えると、園の方もそこを配慮して保育を行ってくれるため、お子さんもよく伸びると思うから一度専門機関に相談しにいくのもいいかもしれない」とやんわりと伝えます。保護者の受け入れがよさそうであれば、「後日、専門機関にいつ予約ができたか確認の電話を地区の担当保健師から電話させていただいてもいいですか」と確認します。了承を得たら、その旨を記録用紙に書き込みます。健診の1回のみの相談で、関係が切れないように配慮しています。また、記録用紙には、園からの事前の電話があったので、「後日地区の担当保健師から園にフィードバックの電話をいれていただきたい」旨も記載します。

　心理職はこのような流れで活動しています。乳幼児健診では、その日に何件の相談があるか読めないので、自分の中で1件当たり20分程度の相談と枠を決め、保護者と面談しながらメモ程度の記録を書き、面談終了後、見立て・助言内容・今後の方針を5分程度で書きます。健診終了後の全体カンファレンスに間に合えば、そこに参加して報告します。しかし、相談件数が多い場合は全体カンファレンスに間に合わないので、後で地区担当の保健師に伝えます。健診日の心理職は主に交通整理や助言等を行うことが多いです。健診後の仕事を担う心理職は、個別での心理面談でK式などの発達検査を行ったり、グループ活動での援助をしたりしています。

┌─ **COLUMN** ─┐

病院での心理職の仕事内容・注意点と1日の流れ

　病院での仕事内容は、病院の種類（国公立か否か等）や規模により大きく異なるといえます。国公立だと、保険点数等を意図的に稼がなくても経営上問題はありませんが、そうでない場合は、経営を成り立たせる観点は必要といえます。

　国公立の場合は、規模も大きいため、また連携を求められることも多く、

例えば小児科の場合、Dr、ケースワーカー、心理職と子どもの関係機関（学校・教育委員会・子ども家庭支援センター等）を交えたカンファレンスも行われることは少なくありません。開業している病院でも虐待ケースなどは院内でカンファレンスなどは行われます。病院により様々です。

　例えば、開業している小児科で非常勤の心理職として勤務している場合、このような1日の流れになります。あくまで一例ですので、これが他の病院とも通じる一般的なものではないことに留意してください。

　8時45分前に出勤し、8時45分から10分程度、常勤交えた心理職だけでの全体の打ち合わせを行います。ここでは個別のケースの話はせず、今度病院として子どものグループ療育を開始するなど、組織としての方向性等共有します。

　9時〜9時50分：カウンセリング

　10時〜10時50分：子どもの個別療育＋保護者のカウンセリング

　11時〜11時50分：検査（田中ビネー・WISC−Ⅳ・K−ABCⅡ・K式等）

　12時〜13時：休憩（この間に個別のケースの話を他の心理職と相談します）

　13時〜13時50分：検査（田中ビネー・WISC−Ⅳ・K−ABCⅡ・K式等）

　14時〜14時50分：プレイセラピー

　15時〜15時50分：記録（電子カルテに記録します）

　16時〜16時50分：子どものグループ療育

　17時から17時45分の退勤まで、記録をつけたり、保護者から希望があった関係機関に連絡したりします。

　このような感じで基本ケース三昧になります。病院に勤務しているもののなかなかDrと話す時間はありません。ケースとケースの間の隙間時間の10分で、電子カルテのDrの記録を確認します。Drからの検査などのオーダーは、書面でです。

　他に勤務している病院は，私立の大きな病院です。そこの小児科にはNICU（新生児集中治療室）があり、その病院に勤務した日は、NICU全体でのカンファレンスがあり、そこには時々参加しています。そのカンファレンスでは、全体のケースを確認し、情報共有をします。そこでDrやナースから心理職へのオーダーがでることもあります。

このような流れで活動しています。開業している病院での勤務日は、予約のケースを対応する形で1日を過ごします。大きな病院では、外来の予約のケースもありますが、院内の各施設（小児病棟やNICU等）を巡回し、そこでのカンファレンスに参加し、新たなケースと出会うということもあります。

　以上、私が勤務している2か所の病院での様子です。

　病院によって求められるものが異なるので、病院のニーズ、クライアントのニーズに合わせて動くことが必要と感じます。また、病院臨床の大きな特徴として、クライアントの同意があれば学校などの関係者が診察同行できます。

10 人体の構造と機能及び疾病

1 加齢

加齢と老化の違い

　「加齢」と「老化」はしばしば混同しやすい言葉であるため、両者の違いを認識しておくことが必要である。加齢とは人間が生まれてから死ぬまでの時間経過のことである。時間経過であるため、誰もが同じ速さで「加齢」が進行していく。その一方、老化とは加齢に伴う生理機能の低下を意味する。生理機能低下の速度は全ての人間が同じではなく、人それぞれである。「老化＝生理機能の低下」は、遺伝的要因、生活・環境要因が影響を与えているからである。人間は「加齢＝時間経過」の間に「老化＝生理機能の低下」が進行することを理解しておく必要がある。

問題 1（オリジナル）
　高齢者の特徴について<u>不適切なもの</u>を１つ選べ。
① 嗅覚機能が低下する傾向がある。
② 視覚機能が低下する傾向がある。
③ 運動機能が低下する傾向がある。
④ 認知機能が低下する傾向がある。
⑤ 優れた能力や創造性を発揮することはできない。

問題 2（オリジナル）
　高齢者の身体的特徴について<u>不適切なもの</u>を１つ選べ。
① 複数の病気や症状をもっていることが多い。
② 予備力・回復力は低下しない。
③ 内部環境の恒常性維持機能が低下する。
④ 感覚器機能が低下する。
⑤ 現在抱えている疾患と関係のない合併症をおこしやすい。

解説＆テクニック

問題1　正答⑤

①②③④○　正しい。

⑤×　高齢になって優れた能力や創造性を発揮した人も少なくない。例えば、杉田玄白は83歳のときに『蘭学事始』を完成させた。

> 　自分の身近な高齢者（祖父母等）をイメージできたら正答がわかります。②③④はすぐに○と判断できるでしょう。①と⑤で迷ったとしても、⑤のように「できない」と断言することはできないと判断し、⑤が不適切であることがわかるでしょう。

問題2　正答②

①○　治癒もするが、慢性化したり障害が残ったりすることもある。

②×　予備力・回復力の低下により、疾病にかかりやすく治りにくいということもある。

③○　具体的には体温調節能力の低下や水・電解質バランスの異常などがある。

④○　具体的には視力機能・聴力機能の低下がある。

⑤○　病気による安静、寝たきりにより、関節の拘縮、褥瘡の発症などの様々な合併症がおこりやすい。

> 　①と④はすぐに○と判断できるでしょう。③は脱水で高齢者が救急搬送されやすい状況をイメージし、○を付けます。⑤は文章をよく読み込み、寝たきりによる褥瘡がイメージできれば○と判断できます。②の「予備力」は聞き慣れない言葉かもしれませんが、「回復力は低下しない」という文章から、高齢者が若者より回復に時間を要することがイメージできれば×と判断し、②が不適切であることがわかるでしょう。

点に差がつくミニ知識

　高齢者のめまいには、様々な要因が組み合わさっていることが多いため、原因の特定が難しいことがあります。

　高齢者のめまいの要因としては、以下が挙げられます。

- ・平衡感覚の衰え（高齢になるにつれ平衡感覚をつかさどる内耳が老化によって変性する）
- ・血圧低下によるめまい（高齢者では血圧を一定に保つ機能が衰えているために、めまいがおこりやすくなる）
- ・脱水症状によるめまい（高齢者の場合、のどの渇きを感じる感覚が鈍くなる。水分不足に伴い血液の粘度が増すため血流が滞り、めまいが生じる）
- ・脳卒中によるめまい（一過性脳虚血性発作、脳梗塞や脳出血によってめまいが生じる）

　また筋肉の衰えにより、めまいによる転倒の危険性が高くなるなど、めまいに伴う問題にも注意が必要です。

2 がん（2）

　がん（悪性腫瘍）とは細胞の遺伝子プログラムの逸脱（遺伝子のプログラムエラー）による異常増殖のことである。全ての臓器・組織に生じる。日本人の2人に1人は、一生のうち一度はがんになる。がんの特徴として①自立性増殖②浸潤と転移③悪液質がある。①自立性増殖とは、がんが自律的に勝手に増殖を続けることである。②浸潤と転移とは、がん細胞が発生部位周囲にしみ出るように広がる（浸潤）とともに、全身のあちこちに散らばり（転移）、次から次へと新しいがん組織を作り上げることである。③悪液質とは、正常組織が摂取しようとする栄養をがん細胞が取り、その結果体が衰弱することである。がん患者が痩せることについて、この悪液質の影響が指摘されている。

問題 1 (2018年問66)

　55歳の男性。肺癌の終末期で緩和ケアを受けている。家族によれば、最近苛立ちやすく、性格が変わったという。夜間はあまり眠らず、昼間に眠っていることが多い。

　この患者の状態を評価する項目として、最も優先すべきものを1つ選べ。

① 幻覚
② 不安
③ 意欲低下
④ 見当識障害
⑤ 抑うつ気分

問題 2 (オリジナル)

　25歳の女性。子宮頸がんのため入院中。放射線治療および抗がん剤治療を行っているが、痛み等が強く体調があまりよくない。医療チームの検討の結果、緩和ケアを本人に提案したものの本人の表情は暗い。理由を尋ねると「ほんの少しでも妊娠する可能性があるなら治療を諦めたくない」と語る。医療チームとしては今後の対応についてどうするか判断に迷っていたところ、本人から「カウンセリングを受けたい」という希望が出た。この状況のもと、公認心理師が行う対応として適切なものを1つ選べ。

① 主治医にも面接に同席してもらい、病状を説明し、状態を受け入れてもらう働きかけを行う。

② 緩和ケアを受け入れられるように強く説得を試みる。

③ 本人の状況や気持ちを理解し、本人の話を丁寧に聴く。

④ 本人に妊娠希望があるため、公認心理師から主治医に伝え、治療方針の変更を提案する。

問題 3 (2019年問31)

　オピオイドの副作用として頻度が高いものを1つ選べ。

① 下痢

② 疼痛

③ 流涎

④ せん妄

⑤ 錐体外路症状

解説＆テクニック

問題 1　正答④

①× 幻覚の評価が最も優先すべきものとはいえない。

②× 不安の評価が最も優先すべきものとはいえない。

③× この状況からは意欲低下は伺えない。

④○ 正しい。

⑤× 抑うつ気分の評価が最も優先すべきものとはいえない。

事例の内容からせん妄がある可能性を疑うことができたら、すぐに正答を導くことができます。せん妄は何らかの原因で脳が機能不全を起こすことによって生じる軽い見当識障害のことです。事例で注目すべき箇所は（1）「家族によれば、最近苛立ちやすく、性格が変わったという」（2）「夜間はあまり眠らず、昼間に眠っていることが多い」です。これらの情報から、何が起きているかを推察し、何の評価をすべきか考えます。せん妄というキーワードが思い浮かばなかったら、消去法で解いていくとよいでしょう。③はすぐに消去できます。（1）の家族情報からは②⑤も検討の余地がありますが、（2）との整合性がないため×に近い△と判断します。すると、残った①④では①の幻覚をピンポイントで評価するよりも④の見当識障害を全体的に評価することの方が重要であると判断し④を残すことができます。

問題 2　正答③

①× 本人の承諾や希望もないのに主治医に同席してもらうのは、本人に余計な混乱を招くといえる。

②× 本人を説得することは不適切な対応である。

③○ 正しい。

④× 主治医への治療方針変更の提案は、公認心理師の立場からは行き過ぎている。

病院で働く公認心理師としての常識的な対応をイメージできれば、③が適切な対応であるとわかります。①②④について倫理的な観点や公認心理師としての立場等から×と判断できます。

点に差がつくミニ知識

がん患者は様々な面で辛さ等を抱えています。例えば、

①診断直後のショック・不安

②がんによる身体的な痛み

③放射線・抗がん剤治療による副作用（嘔吐・食欲不振・口内炎等）

④経済的問題（医療費・仕事の休職や退職）

⑤再発・転移への不安

⑥生きることの意味への葛藤

⑦家族への心配

⑧QOL の低下（体力的に外出困難になる・眉毛や髪が抜けた状態での外出への抵抗等）

⑨がんを患ったことによる新たな疾患（うつ病・適応障害・睡眠障害・せん妄等）

などがあります。それぞれの患者が訴える状況やニーズを汲み取り、チーム医療の一員である公認心理師としての対応が望まれます。

 キーワード解説

せん妄

せん妄とは、何らかの原因で脳が機能不全を起こすことによって生じる軽い見当識障害のことです。

〈せん妄の症状〉

①睡眠－覚醒リズムの障害：不眠、生活のリズムの昼夜逆転等。

②幻覚・妄想：実際にはいない虫などの小動物や人が見える幻視や恐ろしい幻覚、記憶や経験を本来のものと違って解釈する妄想等。

③見当識・記憶障害：時間や場所が急に分からなくなる、最近の出来事を思い出せない等。

④情動・気分の障害：イライラ、錯乱、興奮、不安、眠気、攻撃的等の感情や人格の変化。

⑤不随意運動などの神経症状：手の震え等の神経症状はアルコールせん妄に多くみられる。

〈せん妄の原因〉

①疾患：がん、認知症、神経変性疾患、脳炎、電解質異常、インフルエンザ
等。

②加齢：若者では影響のない疾患・薬剤でも高齢者はせん妄が起こりやすい。

③薬の副作用：急性アルコール中毒、鎮静薬、睡眠補助薬、抗うつ薬、抗精
神病薬等。

長期間服用した薬剤を急に断った時にも症状が出ることがある。

④入院・手術：入院した病室・ICU（集中治療室）で夜間におこりやすい。

問題3　正答④

①×　オピオイドの副作用としては消化管運動の低下による便秘がある。

②×　オピオイドは鎮痛薬である。

③×　ただしオピオイド投与患者の約40％に悪心や嘔吐が認められる。

④○　投与開始初期や増量時に出現することが多い。

⑤×　錐体外路症状は抗精神病薬を長期にわたって服用した際に見られる副作
用。

> オピオイドは麻薬性鎮痛薬のことで、がんの末期のような強い痛みに対す
> る鎮痛手段として用いられます。手術の麻酔で使用されるオピオイドとして
> はモルヒネが有名です。オピオイドは鎮痛薬であるという最低限の知識があ
> れば、最低でも②を選択肢から除外できるでしょう。

3　呼吸器系疾患

COPD（Chronic Obstructive Pulmonary Disease）とは

慢性閉塞性肺疾患のことである。たばこの煙などに含まれる有害物質に長期間
曝露されることにより肺が持続的な炎症を起こし、呼吸機能の低下などを起こし
た状態である。原因のほとんどが喫煙であることから、中高年に多い生活習慣病
の1つとして注目されている。またCOPDは、健康日本21で目標が設定されて
いる4つの生活習慣病のうちの1つである。

COPD の診断に関連することとして正しいものを 2 つ選べ。

① スパイロメーターという機器を使った呼吸機能検査を行う。

② 労作時の呼吸困難があること。

③ 体重の低下があること。

④ 意欲の低下があること。

⑤ 短期間でも喫煙したことがあること。

問題 2 （オリジナル）

COPD に関する記述について適切なものを 2 つ選べ。

① COPD の認知度は低い。

② 健康日本 21 で目標が設定されている生活習慣病はがん・糖尿病・歯周病・COPD の 4 つである。

③ COPD は喫煙・大気汚染等の外的刺激による肺の慢性的な炎症を基本病態とする呼吸器疾患である。

④ COPD が重症化したとしても在宅で酸素療法を受けることはない。

⑤ 階段の上り下りなど体を動かしたときに息切れを感じたり、風邪でもないのにせきやたんが続いたりすることが COPD の症状には該当しない。

 点に差がつくミニ知識

健康日本 21 と COPD

　健康寿命を維持するうえで COPD はもっとも重要な肺疾患といえます。しかし、正しく診断されて適切な治療を受けている患者は少ないのが現状です。受診・治療に結びつかない背景には、COPD に対する社会的認知度が低いことが挙げられます。そのため、厚生労働省は 2012 年に「21 世紀における第二次国民健康づくり運動（健康日本 21（第二次））」の目標として COPD の認知度向上（2022 年度までに認知度 80％ にする）を掲げ、国を挙げて COPD の認知度向上に取り組む方針を示しました。国としても認知度を向上したい疾患であるため、国家試験を受ける学習者もその特徴等についてしっかり理解しておくことが望ましいといえるでしょう。

問題 1　正答①②

①②○　正しい。

③×　体重の低下について関連はない。

④×　意欲の低下について関連はない。

⑤×　短期間ではなく長期間の喫煙歴が関連するとされている。

　　COPD が呼吸器系疾患であることを知っていれば、消去法で③④は違うと判断できます。②は○であろうと判断し、①は知らなければ△とします。①と⑤で迷うかもしれませんが、「短期間」という表現がひっかけである可能性に気づけたら、⑤を消去し、①②が正答であろうと判断できます。

問題 2　正答①③

①③○　正しい。

②×　がん・糖尿病・循環器疾患・COPD の 4 つが、健康日本 21 の目標で設定されている生活習慣病である。

④×　在宅で酸素療法を受けている患者の半数近くは COPD が基礎疾患といわれている。

⑤×　階段の上り下りなど体を動かしたときに息切れを感じたり、風邪でもないのにせきやたんが続いたりすることが COPD の主な症状である。

　　自分の COPD への知識やイメージを用い、消去法で正答を残すのがよいでしょう。①は自分自身や周囲の人たちが COPD について普段から知っているかどうかを判断すると、○と判断できるでしょう。②は知らなければ△とします。③は記載内容からその通りであろうと判断できます。④は「在宅で酸素療法を受けることはない。」と言い切れるかどうかを考えると、呼吸器疾患が重症化したら自宅で酸素療法を受ける可能性はあるだろうと推察でき、×と判断できます。⑤は長期間自分が喫煙し有害物質を吸引していたら、そのような症状が出てくることは予想され、×と判断ができます。すると②の△を除外し、①③を正答と判断できます。

4 サイコオンコロジー

　サイコオンコロジー（Psycho-Oncology、精神腫瘍学）とはがん医療の領域で生まれたもので、心理学（Psychology）と腫瘍学（Oncology）を組み合わせた造語である。サイコオンコロジーでは、がん患者と家族の心理的・社会的・行動的な側面等幅広い領域を対象として、研究をはじめ臨床実践や教育を行っている。サイコオンコロジーの目的は、大きく２つ①がん患者のQOLの維持や向上のための支援方法の開発・実施・教育・普及②基礎的研究の推進である。

問題1 (オリジナル)

　サイコオンコロジーについて、不適切なものを2つ選べ。
① サイコオンコロジーの基礎的研究として、精神的・心理的因子が、がんに与える影響についての研究がある。
② サイコオンコロジーの基礎的研究として、がんが、がん患者や家族、ケアに関わるスタッフの精神面に与える影響についての研究がある。
③ サイコオンコロジーには、ソーシャルワーカーは関わらない。
④ サイコオンコロジーでは、がん医療に携わる医師等を対象としたコミュニケーションスキルの開発・教育・普及は目指されていない。

問題2 (オリジナル)

　39歳女性。自治体の検診で乳がんが見つかる。手術後、再発予防のため術後補助化学療法として、抗がん剤と分子標的薬の提案を主治医が行った。しかし、女性の不安が高く、話し合いが難航した。このような状況でサイコオンコロジーチームの一員である公認心理師が行う対応で不適切なものを1つ選べ。
① まずは女性の気持ちを丁寧に聞く。
② どのような点が不安か公認心理師から率直に女性に聞く。
③ 公認心理師自身が空いている時間に、主治医の提案した治療内容について調べたり、主治医に確認したりする。
④ サイコオンコロジーのチームで、女性への対応のカンファレンスを行う。
⑤ 女性がカウンセリングの結果落ち着いたら、治療を勧める。

解説＆テクニック

問題1　正答③④

①②○　正しい。

③×　がんの治療費、がんによる休職等で生活面への心配があり、医療チームに
　　ソーシャルワーカーが加わっている場合、支援を受けられる。

④×　がん医療に携わる医師等を対象としたコミュニケーションスキルの開発・
　　教育・普及は重要なことである。

> 　もし自分自身ががんになったらというイメージができれば正答を導くこと
> ができます。仕事をしている人ががんになったら、治療費のことや仕事を継
> 続するか判断に迷うでしょうし、自分ががんになったショック等を医療従事
> 者が取り合ってくれなければ、治療への意欲も低下するでしょう。そのため
> ③④は不適切と判断できます。①②についても、そのような研究から得られ
> た知見があればありがたいと考えるので、適切な内容と判断できます。

問題2　正答⑤

①②③④○　正しい。

⑤×　治療を決定するのは患者自身である。

> 　チーム医療の一員である公認心理師の対応・行動をイメージできれば、正
> 答を導くことができます。チーム医療の視点から③④は適切な内容です。心
> 理職として患者に関わる際、丁寧に話を聞いたり分からないことも含め率直
> に質問等することも必要なことです。患者が納得して自己決定するのを支え
> るのが心理職の役目であり、心理職から患者に治療の受け入れを提案するこ
> とはあってはなりません。ゆえに⑤は不適切と判断できます。

点に差がつくミニ知識

サイコオンコロジーチーム

　主に精神科医や心療内科医、臨床心理士、公認心理師、看護師、ソーシャルワーカーなどの専門職と患者の主治医が、チーム体制でがん患者とその家族の抱える心理的な悩みに応じ支援に当たります。主に医師は薬の治療を専門とし、心理職がカウンセリング・心理療法を担います。看護師もカウンセリングを含め様々な問題に対応し専門的なアドバイスを行います。またソーシャルワーカーも経済的な問題等について対応します。精神腫瘍医と呼ばれる精神科医、心療内科医は、精神医学全般の知識、技能、経験をもち、がん治療全般と緩和医療にも精通し、がん患者が抱える心理的な悩みにも対応できます。

5 依存症

依存症とは

厚生労働省の「依存症についてもっと知りたい方へ」には、依存症を「特定の何かに心を奪われ、『やめたくても、やめられない』状態になること」と定義している。依存対象の代表的なものに「アルコール・薬物・ギャンブル等」がある。診断には専門家の力を要するが「特に大切なのは本人や家族が苦痛を感じていないか、生活に困りごとが生じてないか、という点」である。

依存症には以下の3種類がある。

1. **物質への依存**：ある物質を飲んだり注射したりして摂取することで、快楽や刺激を得て、その物質に執着・依存する。（例）アルコール、たばこ、薬物等
2. **プロセスへの依存**：ある行為をする過程で得られる興奮や刺激を求め、その行為自体に執着・依存する。（例）ギャンブル・パチンコ・買い物・ネット・浮気等
3. **人・関係への依存**：ある特定の人との人間関係に依存する。健康的でない人間関係に執着することで、人とのつながりを求めようとする。（例）女性・男性依存、DV、ストーカー等

すべてに共通する点はコントロール障害であること。自分の意思で、量や頻度や状況などをコントロールできなくなる障害である。

問題 1（オリジナル）

依存症の弊害に関する以下の記述のうち<u>不適切なもの</u>を1つ選べ。

① 睡眠や食事などの生活習慣がおろそかになり、自分自身の健康を害す。

② 嘘をついて、親戚・家族との関係を悪化させる。

③ 仕事や学校を休みがちになり、不登校や退職などになる。

④ 本人への弊害はあるが、家族への弊害はない。

問題2（オリジナル）

アルコール依存症の離脱症状（禁断症状）について<u>不適切なもの</u>を1つ選べ。

① イライラ

② 手指のふるえ

③ 幻視

④ 発汗

⑤ 低血圧

問題3（2019年問124）

ギャンブル等依存症について、正しいものを1つ選べ。

① 本人の意思が弱いために生じる。

② パーソナリティ障害との併存はまれである。

③ 自助グループに参加することの効果は乏しい。

④ 虐待、自殺、犯罪などの問題と密接に関連している。

 点に差がつくミニ知識 ――――

依存する脳の仕組み

　アルコールや薬物等の物質を摂取すると、脳内ではドーパミンという快楽物質が分泌されます。この快楽物質が脳内に放出されると中枢神経が興奮し、それが快感につながります。この感覚を脳が報酬と認識すると、その報酬を求める回路が脳内にできます。ギャンブル等で味わうスリルや興奮も、同じように脳内で報酬を求める回路が働いています。脳内に報酬を求める回路ができあがり、アルコール・薬物を摂取する行動が習慣化されると、快楽物質が強制的に分泌されることが繰り返されます。しかし、次第に快感を覚える中枢神経の機能が低下するので、より強い快感を得ようと、ますますアルコールや薬物の量や頻度が増え、自分の意志でコントロールできなくなり、本人がやめたいと思ってもどうにもならないのです。

解説&テクニック

問題1　正答④

　　例えばアルコール依存症を想定すると、①③は当然生じる弊害といえます。アルコールを飲みたいがために仕事を休んだのに「仕事にちゃんと行った」等の嘘をつき、給与が下がる等ですぐに嘘がばれるでしょう。そうすると家族は生活面に苦慮し、イライラしたり、ケンカが増えたりして、家族への弊害も出てきます。このような流れを踏まえれば④が不適切な内容と判断できます。

問題2　正答⑤

①②③④○　正しい。
⑤×　正しくは高血圧である。

　　アルコール依存症の離脱症状をイメージすると、①②③④は○と判断できます。これらの症状は、（1）自律神経症状（手指のふるえ、発汗、吐き気、嘔吐、心拍数の増加）（2）精神症状（不眠、不安、イライラ感、幻視、幻聴、意識消失を伴うけいれん発作）です。⑤は発汗しているときに低血圧になるかと考えたら×と判断できます。

問題3　正答④

　　①は意思の強弱で判断することが支援者に必要か否かをイメージできれば×と判断できます。②は「パーソナリティ障害との併存はまれ」とは言い切れないだろうと想像できたら△か×と判断できます。③は自助グループが存在していることをイメージできると×とわかります。④は虐待、自殺、犯罪などを抱えた人をイメージしたり、もし自分がそのようなことに巻き込まれた時をイメージしたら○と判断できます。

11 公認心理師に関係する制度

1 保健医療分野に関する法律、制度

問題 1 (2018 年問 57)

医療法に規定されている内容について、正しいものを２つ選べ。

① 50 床以上の病床を有する医療機関を病院という。

② 都道府県は医療提供体制の確保を図るための計画を定める。

③ 病床の種類は、一般病床、療養病床及び精神病床の３種類である。

④ 医療事故とは、医療に起因する又は起因すると疑われる、予期しなかった死亡又は死産をいう。

⑤ 医療事故が発生した場合、直ちに調査を行い、事故に関与した医療従事者は調査結果を医療事故・調査支援センターに報告しなければならない。

問題 2 (2020 年問 107)

精神保健及び精神障害者福祉に関する法律〈精神保健福祉法〉に基づく精神障害者の入院について、正しいものを１つ選べ。

① 応急入院は、市町村長の同意に基づいて行われる。

② 措置入院は、72 時間を超えて入院することはできない。

③ 措置入院は、２名以上の精神保健指定医による診察を要する。

④ 緊急措置入院は、家族等の同意に基づいて緊急になされる入院をいう。

⑤ 医療保護入院は、本人と家族等の双方から書面による意思確認に基づいて行われる。

問題3 (2018年追問54)

心の健康問題により休業した労働者が職場復帰を行う際に、職場の公認心理師が主治医と連携する場合の留意点として、正しいものを2つ選べ。

① 主治医と連携する際は、事前に当該労働者から同意を得ておく。

② 主治医の復職診断書は労働者の業務遂行能力の回復を保証するものと解釈する。

③ 主治医に情報提供を依頼する場合の費用負担については、事前に主治医と取り決めておく。

④ 主治医から意見を求める際には、事例性よりも疾病性に基づく情報の提供を求めるようにする。

⑤ 当該労働者の業務内容については、プライバシー保護の観点から主治医に提供すべきではない。

 点に差がつくミニ知識

略式名称	正式名称	目 的	補足・ポイント
医療法	医療法	第1条　この法律は、医療を受ける者による医療に関する適切な選択を支援するために必要な事項、医療の安全を確保するために必要な事項、病院、診療所及び助産所の開設及び管理に関し必要な事項並びにこれらの施設の整備並びに医療提供施設相互間の機能の分担及び業務の連携を推進するために必要な事項を定めること等により、医療を受ける者の利益の保護及び良質かつ適切な医療を効率的に提供する体制の確保を図り、もつて国民の健康の保持に寄与することを目的とする。	医療法：医療を行う「場所」についての法律。 目的は3つ。①医療を受ける者の利益の保護、②良質かつ適切な医療を効率的に提供する体制の確保、③国民の健康の保持に寄与。 医師法：医療を行う「者」についての法律。
高齢者医療確保法	高齢者の医療の確保に関する法律	第1条　この法律は、国民の高齢期における適切な医療の確保を図るため、医療費の適正化を推進するための計画の作成及び保険者による健康診査等の実施に関する措置を講ずるとともに、高齢者の医療について、国民の共同連帯の理念等に基づき、前期高齢者に係る保険者間の費用負担の調整、後期高齢者に対する適切な医療の給付等を行うために必要な制度を設け、もつて国民保健の向上及び高齢者の福祉の増進を図ることを目的とする。	高齢化がすすむ中、国民皆保険を持続可能とするための「後期高齢者制度」に代表される法律であり、医療費を確保するための法律であることが読み取れる。

精神保健福祉法	精神保健及び精神障害者福祉に関する法律	第1条　この法律は、精神障害者の医療及び保護を行い、障害者の日常生活及び社会生活を総合的に支援するための法律と相まつてその社会復帰の促進及びその自立と社会経済活動への参加の促進のために必要な援助を行い、並びにその発生の予防その他国民の精神的健康の保持及び増進に努めることによつて、精神障害者の福祉の増進及び国民の精神保健の向上を図ることを目的とする。	精神障害者への医療だけでなく、入院も含めた保護、社会復帰、さらには社会経済活動への参加までの支援が含まれている。
自殺対策基本法	自殺対策基本法	第1条　この法律は、近年、我が国において自殺による死亡者数が高い水準で推移している状況にあり、誰も自殺に追い込まれることのない社会の実現を目指して、これに対処していくことが重要な課題となっていることに鑑み、自殺対策に関し、基本理念を定め、及び国、地方公共団体等の責務を明らかにするとともに、自殺対策の基本となる事項を定めること等により、自殺対策を総合的に推進して、自殺の防止を図り、あわせて自殺者の親族等の支援の充実を図り、もって国民が健康で生きがいを持って暮らすことのできる社会の実現に寄与することを目的とする。	日本は自殺大国（年間約2万人）であり、自殺対策は国としての重要課題である。自殺の防止に加え、自殺者の親族への支援も国として重要視している。
健康増進法	健康増進法	第1条　この法律は、我が国における急速な高齢化の進展及び疾病構造の変化に伴い、国民の健康の増進の重要性が著しく増大していることにかんがみ、国民の健康の増進の総合的な推進に関し基本的な事項を定めるとともに、国民の栄養の改善その他の国民の健康の増進を図るための措置を講じ、もって国民保健の向上を図ることを目的とする。	健康増進法は、「健康日本21」の法的基盤である。
地域保健法	地域保健法	第1条　この法律は、地域保健対策の推進に関する基本指針、保健所の設置その他地域保健対策の推進に関し基本となる事項を定めることにより、母子保健法その他の地域保健対策に関する法律による対策が地域において総合的に推進されることを確保し、もつて地域住民の健康の保持及び増進に寄与することを目的とする。	保健所の法的基盤は地域保健法である。保健所の業務内容は非常に幅広い。
母子保健法	母子保健法	第1条　この法律は、母性並びに乳児及び幼児の健康の保持及び増進を図るため、母子保健に関する原理を明らかにするとともに、母性並びに乳児及び幼児に対する保健指導、健康診査、医療その他の措置を講じ、もつて国民保健の向上に寄与することを目的とする。	乳幼児健診事業は母子保健法に基づいている。1歳6か月児健診、3歳児健診は法定健診とも呼ばれる。

問題1　正答②④

① ×　病院は20床以上。診療所は入院させる施設がないもしくは19床以下である。

② ○　正しい。第30条の4「都道府県は、基本方針に即して、かつ、地域の実情に応じて、当該都道府県における医療提供体制の確保を図るための計画（以下「医療計画」という。）を定めるものとする。」

③ ×　病床の種類は（1）精神病床（2）感染症病床（3）結核病床（4）療養病床（5）一般病床の5種類である。

④ ○　正しい。第6条の10「病院、診療所又は助産所（以下この章において「病院等」という。）の管理者は、医療事故（当該病院等に勤務する医療従事者が提供した医療に起因し、又は起因すると疑われる死亡又は死産であつて、当該管理者が当該死亡又は死産を予期しなかつたものとして厚生労働省令で定めるものをいう。以下この章において同じ。）が発生した場合には、厚生労働省令で定めるところにより、遅滞なく、当該医療事故の日時、場所及び状況その他厚生労働省令で定める事項を第6条の15第1項の医療事故調査・支援センターに報告しなければならない。」

⑤ ×　正しくは「病院等の管理者」である。第6条の11第4項「病院等の管理者は、医療事故調査を終了したときは、厚生労働省令で定めるところにより、遅滞なく、その結果を第6条の15第1項の医療事故調査・支援センターに報告しなければならない。」

　　自分自身が風邪等開業医の受診をイメージするとき、入院施設がない診療所があることから、50床以上は病院という①は消去できます。②は記載内容から○に近い△としておきます。③は感染症患者の隔離などをイメージすると×と判断できます。④は記載内容から○に近い△とします。⑤は関与した医師や看護師から報告を行うのは組織対応として違和感を抱き×と判断します。したがって、○に近い△とした②④が残ります。

問題2　正答③

① ×　応急入院は，医療保護入院をさせたいが家族等の同意を得ることができない場合の入院のことである。

②×　措置入院は、時間制限はない。

③○　適切である。

④×　措置入院より緊急性が高い「緊急措置入院」であるため、家族の同意を求めない。

⑤×　任意入院ができないときに医療保護入院を行う。そのため家族等の同意のみで行われる。

> ①は急いでいるので同意は不要と判断できるため×。②は「急」がないのに時間制限があるのはおかしいので×。③は１名か２名以上で迷ったら△か○とし、④は「緊急措置入院」にもかかわらず家族の同意という言葉がある時点で×。⑤は任意入院との違いは何かと考え△か×とします。③と⑤で比較し、○に近い③が正答と判断します。この手の問題は用語を変えていくらでも作れるので、緊急度合や言葉のニュアンス等で覚えましょう。

 点に差がつくミニ知識

入院形態についてのポイントは以下になります。

緊急度は①⇒⑤と高くなります。

① 任意入院

② 医療保護入院：家族の同意が必要

③ 応急入院：自傷他害の恐れなし・72時間

④ 措置入院：自傷他害の恐れあり・精神保健指定医２名以上

⑤ 緊急措置入院：突発的な自殺を防ぐため等緊急を要する・精神保健指定医１名以上・72時間

名称の中に「急」がつくものは72時間という制限があると覚えておくとよいでしょう。

問題3　正答①③

①③○　正しい。

②×　主治医の判断は、日常生活における病状の回復程度によって職場復帰の可能性を判断していることが多い。

④×　事例性に基づく情報の提供を求めるようにする。

⑤×　当該労働者の業務内容については主治医に提供して、主治医見解を求める

ことが望ましい。

> 厚生労働省の「心の健康問題により休業した労働者の職場復帰支援の手引き～メンタルヘルス対策における職場復帰支援～」への理解が求められた問題です。①は基本的な事項で○を付けます。②の内容が正しければ、産業医の見解は必要ないと解釈できるため、×と判断できます。③は記載内容から○に近い△と判断します。④は職場復帰については当然疾病性よりも事例性の方が重要と判断できるため×とします。⑤は業務内容を主治医に伝えなければ主治医が見解を述べられず連携ができないため×と判断します。したがって、①と△にした③を正答とします。

2 福祉分野に関する法律、制度

問題 1（2018 年追問 55）

児童福祉法で定めている児童福祉施設として、正しいものを2つ選べ。

① 少年院
② 乳児院
③ 教育相談所
④ 児童相談所
⑤ 母子生活支援施設

問題 2（2018 年追問 48）

障害者の日常生活及び社会生活を総合的に支援するための法律〈障害者総合支援法〉に基づく地域移行支援の対象者として、正しいものを2つ選べ。

① 拘置所に収容されている障害者
② 児童福祉施設に通所している障害者
③ 少年鑑別所に収容されている障害者
④ 療養介護を行う病院に入院している障害者
⑤ 地域活動支援センターに通所している障害者

問題 3（2018 年追問 58）

高齢者虐待の防止、高齢者の養護者に対する支援等に関する法律〈高齢者虐待

防止法〉について、正しいものを2つ選べ。

① 高齢者虐待を発見した場合の通報先は、都道府県である。

② この法律の「養護者」とは、介護家族と養介護施設従事者のことをいう。

③ 高齢者の保護だけではなく、家族等の養護者に対する支援も大きな目的の1つとしている。

④ 生命又は身体に重大な危険が生じている高齢者虐待を発見した場合は、速やかに通報しなければならない。

⑤ 高齢者虐待の種別は、身体的虐待、心理的虐待、介護・世話の放棄・放任（ネグレクト）及び性的虐待の4つである。

 点に差がつくミニ知識

略式名称	正式名称	目的	補足・ポイント
児童福祉法	児童福祉法	第1条　全て児童は、児童の権利に関する条約の精神にのつとり、適切に養育されること、その生活を保障されること、愛され、保護されること、その心身の健やかな成長及び発達並びにその自立が図られることその他の福祉を等しく保障される権利を有する。 第2条　全て国民は、児童が良好な環境において生まれ、かつ、社会のあらゆる分野において、児童の年齢及び発達の程度に応じて、その意見が尊重され、その最善の利益が優先して考慮され、心身ともに健やかに育成されるよう努めなければならない。 2　児童の保護者は、児童を心身ともに健やかに育成することについて第一義的責任を負う。 3　国及び地方公共団体は、児童の保護者とともに、児童を心身ともに健やかに育成する責任を負う。	児童の権利に関する条約＝子どもの権利条約。ここでは子どもの最善の利益という考えが反映されている。児童の権利に関する条約が児童福祉法の基盤になっている。児童福祉法でいう児童は18歳未満をさす。
老人福祉法	老人福祉法	第1条　この法律は、老人の福祉に関する原理を明らかにするとともに、老人に対し、その心身の健康の保持及び生活の安定のために必要な措置を講じ、もつて老人の福祉を図ることを目的とする。	老人福祉サービスの利用は介護保険が優先的に適用される。しかし、身寄りがない等のやむを得ない事由で介護保険を利用できない場合、老人福祉法の福祉の措置としてサービス（入所等）が提供される。

児童虐待防止法	児童虐待の防止等に関する法律	第1条　この法律は、児童虐待が児童の人権を著しく侵害し、その心身の成長及び人格の形成に重大な影響を与えるとともに、我が国における将来の世代の育成にも懸念を及ぼすことにかんがみ、児童に対する虐待の禁止、児童虐待の予防及び早期発見その他の児童虐待の防止に関する国及び地方公共団体の責務、児童虐待を受けた児童の保護及び自立の支援のための措置等を定めることにより、児童虐待の防止等に関する施策を促進し、もって児童の権利利益の擁護に資することを目的とする。	面前DVも心理的虐待に定義されている。児童虐待は、第6条「受けたと思われる」段階での通告が義務。この通告は守秘義務違反にならないことが明記されている。
障害者総合支援法	障害者の日常生活及び社会生活を総合的に支援するための法律	第1条　この法律は、障害者基本法の基本的な理念にのっとり、身体障害者福祉法、知的障害者福祉法、精神保健及び精神障害者福祉に関する法律、児童福祉法その他障害者及び障害児の福祉に関する法律と相まって、障害者及び障害児が基本的人権を享有する個人としての尊厳にふさわしい日常生活又は社会生活を営むことができるよう、必要な障害福祉サービスに係る給付、地域生活支援事業その他の支援を総合的に行い、もって障害者及び障害児の福祉の増進を図るとともに、障害の有無にかかわらず国民が相互に人格と個性を尊重し安心して暮らすことのできる地域社会の実現に寄与することを目的とする。	障害者基本法が基盤。旧「障害者自立支援法」から改正されたものである。例えば、「障害者自立支援法」での「障害程度区分」という指標が、「障害者総合支援法」では「障害支援区分」に変更された。
発達障害者支援法	発達障害者支援法	第1条　この法律は、発達障害者の心理機能の適正な発達及び円滑な社会生活の促進のために発達障害の症状の発現後できるだけ早期に発達支援を行うとともに、切れ目なく発達障害者の支援を行うことが特に重要であることに鑑み、障害者基本法の基本的な理念にのっとり、発達障害者が基本的人権を享有する個人としての尊厳にふさわしい日常生活又は社会生活を営むことができるよう、発達障害を早期に発見し、発達支援を行うことに関する国及び地方公共団体の責務を明らかにするとともに、学校教育における発達障害者への支援、発達障害者の就労の支援、発達障害者支援センターの指定等について定めることにより、発達障害者の自立及び社会参加のためのその生活全般にわたる支援を図り、もって全ての国民が、障害の有無によって分け隔てられることなく、相互に人格と個性を尊重し合いながら共生する社会の実現に資することを目的とする。	障害者基本法が基盤。第2条2「この法律において「発達障害者」とは、発達障害がある者であって発達障害及び社会的障壁により日常生活又は社会生活に制限を受けるものをいい、「発達障害児」とは、発達障害者のうち18歳未満のものをいう。」⇒年齢に注意。

障害者差別解消法	障害を理由とする差別の解消の推進に関する法律	第1条　この法律は、障害者基本法の基本的な理念にのっとり、全ての障害者が、障害者でない者と等しく、基本的人権を享有する個人としてその尊厳が重んぜられ、その尊厳にふさわしい生活を保障される権利を有することを踏まえ、障害を理由とする差別の解消の推進に関する基本的な事項、行政機関等及び事業者における障害を理由とする差別を解消するための措置等を定めることにより、障害を理由とする差別の解消を推進し、もって全ての国民が、障害の有無によって分け隔てられることなく、相互に人格と個性を尊重し合いながら共生する社会の実現に資することを目的とする。	障害者基本法が基盤。合理的配慮について定めた法律。合理的配慮について、行政機関は「義務」だが、民間事業者は「努力義務」になっている点に注意されたい。例えば、公立学校における合理的配慮は義務になる。
障害者虐待防止法	障害者虐待の防止、障害者の擁護者に対する支援等に関する法律	第1条　この法律は、障害者に対する虐待が障害者の尊厳を害するものであり、障害者の自立及び社会参加にとって障害者に対する虐待を防止することが極めて重要であること等に鑑み、障害者に対する虐待の禁止、障害者虐待の予防及び早期発見その他の障害者虐待の防止等に関する国等の責務、障害者虐待を受けた障害者に対する保護及び自立の支援のための措置、養護者の負担の軽減を図ること等の養護者に対する養護者による障害者虐待の防止に資する支援（以下「養護者に対する支援」という。）のための措置等を定めることにより、障害者虐待の防止、養護者に対する支援等に関する施策を促進し、もって障害者の権利利益の擁護に資することを目的とする。	障害者への虐待の防止に加え、養護者への支援も明記している。①養護者による虐待②障害者福祉施設従事者等による虐待③使用者による虐待と類型化。虐待の種類は5つ。①身体的虐待②性的虐待③精神的虐待④放置（ネグレクト）⑤経済的虐待
障害者基本法	障害者基本法	第1条　この法律は、全ての国民が、障害の有無にかかわらず、等しく基本的人権を享有するかけがえのない個人として尊重されるものであるとの理念にのっとり、全ての国民が、障害の有無によつて分け隔てられることなく、相互に人格と個性を尊重し合いながら共生する社会を実現するため、障害者の自立及び社会参加の支援等のための施策に関し、基本原則を定め、及び国、地方公共団体等の責務を明らかにするとともに、障害者の自立及び社会参加の支援等のための施策の基本となる事項を定めること等により、障害者の自立及び社会参加の支援等のための施策を総合的かつ計画的に推進することを目的とする。	障害者の定義は、第2条に身体障害、知的障害、精神障害（発達障害を含む。）、その他の心身の機能の障害と明記している。

公認心理師に関係する制度　183

身体障害者福祉法	身体障害者福祉法	第1条　この法律は、障害者の日常生活及び社会生活を総合的に支援するための法律と相まつて、身体障害者の自立と社会経済活動への参加を促進するため、身体障害者を援助し、及び必要に応じて保護し、もつて身体障害者の福祉の増進を図ることを目的とする。 第4条　この法律において、「身体障害者」とは、別表に掲げる身体上の障害がある18歳以上の者であつて、都道府県知事から身体障害者手帳の交付を受けたものをいう。	身体障害者手帳の交付は都道府県知事からであることに注意する。
知的障害者福祉法	知的障害者福祉法	第1条　この法律は、障害者の日常生活及び社会生活を総合的に支援するための法律と相まつて、知的障害者の自立と社会経済活動への参加を促進するため、知的障害者を援助するとともに必要な保護を行い、もつて知的障害者の福祉を図ることを目的とする。	障害者手帳 ・身体障害⇒身体障害者手帳 ・知的障害⇒療育手帳 ・精神障害⇒精神障害者保健福祉手帳
高齢者虐待防止法	高齢者虐待の防止、高齢者の擁護者に対する支援等に関する法律	第1条　この法律は、高齢者に対する虐待が深刻な状況にあり、高齢者の尊厳の保持にとって高齢者に対する虐待を防止することが極めて重要であること等にかんがみ、高齢者虐待の防止等に関する国等の責務、高齢者虐待を受けた高齢者に対する保護のための措置、養護者の負担の軽減を図ること等の養護者に対する養護者による高齢者虐待の防止に資する支援（以下「養護者に対する支援」という。）のための措置等を定めることにより、高齢者虐待の防止、養護者に対する支援等に関する施策を促進し、もって高齢者の権利利益の擁護に資することを目的とする。	障害者虐待防止法の考え方と似ている。高齢者とは65歳以上。①養護者による高齢者虐待②養介護施設従事者等による高齢者虐待と類型化。 虐待の種類は5つ（障害者虐待防止法と同じ）。①身体的虐待②性的虐待③精神的虐待④放置（ネグレクト）⑤経済的虐待

DV 防止法	配偶者からの暴力の防止及び被害者の保護等に関する法律	前文 　我が国においては、日本国憲法に個人の尊重と法の下の平等がうたわれ、人権の擁護と男女平等の実現に向けた取組が行われている。 　ところが、配偶者からの暴力は、犯罪となる行為をも含む重大な人権侵害であるにもかかわらず、被害者の救済が必ずしも十分に行われてこなかった。また、配偶者からの暴力の被害者は、多くの場合女性であり、経済的自立が困難である女性に対して配偶者が暴力を加えることは、個人の尊厳を害し、男女平等の実現の妨げとなっている。 　このような状況を改善し、人権の擁護と男女平等の実現を図るためには、配偶者からの暴力を防止し、被害者を保護するための施策を講ずることが必要である。このことは、女性に対する暴力を根絶しようと努めている国際社会における取組にも沿うものである。 　ここに、配偶者からの暴力に係る通報、相談、保護、自立支援等の体制を整備することにより、配偶者からの暴力の防止及び被害者の保護を図るため、この法律を制定する。	配偶者からの暴力には、身体的な暴力に加え精神的な暴力も含む。配偶者の定義には、離婚・別居状態、事実婚等婚姻関係の有無は関係ない。通報に関しては、身体的暴力のみに限定される。その通報は努力義務である。
生活保護法	生活保護法	第1条　この法律は、日本国憲法第25条に規定する理念に基き、国が生活に困窮するすべての国民に対し、その困窮の程度に応じ、必要な保護を行い、その最低限度の生活を保障するとともに、その自立を助長することを目的とする。	日本国憲法第25条「すべて国民は、健康で文化的な最低限度の生活を営む権利を有する。2　国は、すべての生活部面について、社会福祉、社会保障及び公衆衛生の向上及び増進に努めなければならない。」
生活困窮者自立支援法	生活困窮者自立支援法	第1条　この法律は、生活困窮者自立相談支援事業の実施、生活困窮者住居確保給付金の支給その他の生活困窮者に対する自立の支援に関する措置を講ずることにより、生活困窮者の自立の促進を図ることを目的とする。	生活保護に至る前の自立支援策の強化を図るとともに、生活保護から脱却した人が再び生活保護に逆戻りしないよう支援を行うことが目的。

解説＆テクニック

問題1　正答②⑤

①× 少年法の管轄である。

②⑤○ 正しい。

③× 教育委員会の管轄である。

④× 児童福祉の専門機関ではあるが、施設ではない。

> 児童福祉法第7条に「この法律で、児童福祉施設とは、助産施設、乳児院、母子生活支援施設、保育所、幼保連携型認定こども園、児童厚生施設、児童養護施設、障害児入所施設、児童発達支援センター、児童心理治療施設、児童自立支援施設及び児童家庭支援センターとする。」と明記されています。①はすぐに法律が違うことがわかります。②は○と判断できます。③は教育委員会関係の専門機関であることが予想でき×と判断できます。④と⑤で迷うかもしれませんが、問題では「児童福祉法で定めている児童福祉施設」は何かと聞かれているので④を消去でき、②⑤になります。

問題2　正答①④

①④○ 正しい。

②③⑤× 不適切である。

> 地域移行支援の流れと基本的な理解が求められる問題です。地域移行支援とは、障害者支援施設等及び精神科病院に入所・入院している障害者に対して、住居の確保や障害者福祉サービスの体験・宿泊体験等地域生活へ移行するための支援を行うものです。もともと（1）障害者支援施設に入所していた障害者（2）精神科病院に入院している精神障害者が対象でしたが拡大され、（3）救護施設又は更生施設に入所している障害者（4）刑事施設（刑務所、少年刑務所、拘置所）、少年院に収容されている障害者（5）更生保護施設に入所している障害者又は、自立更生促進センター、就業支援センター、自立準備ホームに宿泊している障害者も支援対象になりました。
>
> 　このような知識がない場合は、問題文を読み込み、選択肢を絞っていきます。①③は収容、④は入院、②⑤は通所とあり、入所形態か通所形態かが問

われていることが分かります。通所という言葉のイメージから、地域に定着して、地域のどこかに通所していることが読み取れるため、この場合は地域移行支援の対象ではないと判断し消去できます。残った①③④を見比べると、少年鑑別所は原則2週間、最大4週間収容され、処遇の方向性が示されているということを学んでいたら、少年鑑別所から地域移行支援は行われないことがイメージでき、残った①④を正答と導くことができます。

問題3　正答③④

①×　通報先は市町村である。

②×　高齢者虐待防止法第2条に、養護者の定義として「高齢者を現に養護する者であって養介護施設従事者等以外のものをいう」と明記されている。

③④○　正しい。

⑤×　記載内容に加え、経済的虐待もある。

近年、児童虐待に加え高齢者虐待も増えている現状をイメージしながら消去法で正答を導けるとよいでしょう。①は児童虐待同様、数が多いと都道府県ではなく地元の市町村でないと早期対応ができないことがイメージできれば消去できます。②は専門職でない介護家族と専門職である施設職員を同レベルでみるべきかどうかをイメージできれば、×に近い△と判断できます。③は問題文冒頭に「高齢者虐待の防止、高齢者の養護者に対する支援等に関する法律」と記載があり、そこから○と判断できます。④は記載内容から○に近い△と判断できます。⑤は児童虐待との違いとして、お金をもっている高齢者も多いことをイメージできれば×と判断できます。したがって、残った②×に近い△、③○、④○に近い△という状況から③④を正答と導くことができます。

 点に差がつくミニ知識

高齢者虐待・障害者虐待の種類

　児童虐待は①身体的虐待、②心理的虐待、③ネグレクト、④性的虐待の4種類ですが、高齢者虐待と障害者虐待は、これに加え⑤経済的虐待があります。この違いに注意しましょう。

3 教育分野に関する法律、制度

問題 1 (2018 年問 38)

いじめ防止対策推進法の内容として、<u>誤っているもの</u>を 1 つ選べ。

① 「児童等」とは、学校に在籍する児童又は生徒をいう。
② 「児童等はいじめを行ってはならない」と定められている。
③ 国及び学校には、それぞれ基本的な方針を策定する義務がある。
④ いじめを早期に発見するため、学校では在籍児童等に対して定期的な調査を実施するなど適切な対策をとる。
⑤ 教育委員会は、児童等がいじめを行っていて教育上必要がある場合は、当該児童等に対して懲戒を加えることができる。

問題 2 (2018 年追問 43)

いじめ防止対策推進法におけるいじめの定義として、最も適切なものを 1 つ選べ。

① 自分よりも弱い者に対し一方的に与える身体的・心理的な攻撃であること
② 身体的・心理的な攻撃が継続的に加えられ、相手が深刻な苦痛を感じていること
③ 一定の人間関係のある者から、心理的、物理的な攻撃を受けたことにより、精神的な苦痛を感じていること
④ 一定の人的関係のある他の児童生徒から、心理的又は物理的な影響を与える行為（インターネットを含む。）を受け、それによって心身の苦痛を感じているということ

 点に差がつくミニ知識

略式名称	正式名称	目的	補足・ポイント
教育基本法	教育基本法	第 1 条　教育は、人格の完成を目指し、平和で民主的な国家及び社会の形成者として必要な資質を備えた心身ともに健康な国民の育成を期して行われなければならない。	日本国憲法を受けて教育の理念を定めている。

学校教育法	学校教育法	第1条　この法律で、学校とは、幼稚園、小学校、中学校、義務教育学校、高等学校、中等教育学校、特別支援学校、大学及び高等専門学校とする。	教育基本法の中の学校教育について具体化したもの。第1条に含まれるものを「一条校」といい、そこに入っていないフリースクール等は学校教育法における「学校」には含まれない。
学校保健安全法	学校保健安全法	第1条　この法律は、学校における児童生徒等及び職員の健康の保持増進を図るため、学校における保健管理に関し必要な事項を定めるとともに、学校における教育活動が安全な環境において実施され、児童生徒等の安全の確保が図られるよう、学校における安全管理に関し必要な事項を定め、もつて学校教育の円滑な実施とその成果の確保に資することを目的とする。	「学校保健法」が改正されて「学校保健安全法」になった。
いじめ防止対策推進法	いじめ防止対策推進法	第1条　この法律は、いじめが、いじめを受けた児童等の教育を受ける権利を著しく侵害し、その心身の健全な成長及び人格の形成に重大な影響を与えるのみならず、その生命又は身体に重大な危険を生じさせるおそれがあるものであることに鑑み、児童等の尊厳を保持するため、いじめの防止等（いじめの防止、いじめの早期発見及びいじめへの対処をいう。以下同じ。）のための対策に関し、基本理念を定め、国及び地方公共団体等の責務を明らかにし、並びにいじめの防止等のための対策に関する基本的な方針の策定について定めるとともに、いじめの防止等のための対策の基本となる事項を定めることにより、いじめの防止等のための対策を総合的かつ効果的に推進することを目的とする。	インターネットを通じて行われるいじめも、この法律で定義するいじめに該当する。またいじめの対象となった子どもが心身の苦痛を感じていれば、いじめと認定される。いじめ防止のために心理・福祉等の専門家（スクールカウンセラーやスクールソーシャルワーカー等）との連携が明記されている。

問題1　正答⑤

①○　正しい。第2条第3項「この法律において「児童等」とは、学校に在籍する児童又は生徒をいう。」

②○　正しい。第4条「児童等は、いじめを行ってはならない。」

③○　正しい。第11条「文部科学大臣は、関係行政機関の長と連携協力して、いじめの防止等のための対策を総合的かつ効果的に推進するための基本的な方針（以下「いじめ防止基本方針」という。）を定めるものとする。」、第13条「学校は、いじめ防止基本方針又は地方いじめ防止基本方針を参酌し、その学校の実情に応じ、当該学校におけるいじめの防止等のための対策に関する基本的な方針を定めるものとする。」

④○　正しい。第16条「学校の設置者及びその設置する学校は、当該学校におけるいじめを早期に発見するため、当該学校に在籍する児童等に対する定期的な調査その他の必要な措置を講ずるものとする。」

⑤×　「教育委員会」ではなく「校長及び教員」である。第25条「校長及び教員は、当該学校に在籍する児童等がいじめを行っている場合であって教育上必要があると認めるときは、学校教育法第11条の規定に基づき、適切に、当該児童等に対して懲戒を加えるものとする。」

　　いじめ防止対策推進法の基本的な知識が問われています。①②④は当然のことなので○を付けます。③はいじめを防止するための対策を推進する法律であるため、基本的な方針を策定する義務があるだろうと推測し、△とします。⑤は判断に迷うかもしれません。「児童等がいじめを行っていて教育上必要がある場合は、当該児童等に対して懲戒を加えることができる」という記載内容には、誤った箇所はないだろうと推察できます。では、当該児童をよく把握していない教育委員会が行うのが適切かと考えた時に、学校の教員が行う方が適切であろうとイメージすると、×または×に近い△を付けられます。残った③と⑤を比較すると、より×に近い⑤が正答であろうと判断できます。

多くの学校では、年に３回程度（１学期につき１回程度）「いじめアンケート」等の名称で定期的な調査を実施しています。その多くが、自分や友人が被害に遭っていることが書ける内容になっています。また、いじめが発覚した際は、校内でいじめ防止対策委員会等の名称の委員会が開かれ、情報収集や対応についての協議が行われています。

問題２　正答④

①②③×　不適切である。

④○　正しい。

　いじめ防止対策推進法第２条に、「この法律において「いじめ」とは、児童等に対して、当該児童等が在籍する学校に在籍している等当該児童等と一定の人的関係にある他の児童等が行う心理的又は物理的な影響を与える行為（インターネットを通じて行われるものを含む）であって、当該行為の対象となった児童等が心身の苦痛を感じているものをいう」と定義されています。この知識をもっていなくても、現代のいじめの特徴としてSNS等のインターネットを介したいじめが少なくないことを考えれば、④が妥当であろうと判断することができます。

4 司法・犯罪分野に関する法律、制度

問題１ (2018 年問 99)

　少年事件の処理手続として、正しいものを１つ選べ。

① 14 歳未満の触法少年であっても重大事件である場合は検察官送致となることがある。

② 14 歳以上で 16 歳未満の犯罪少年は検察官送致とならない。

③ 16 歳以上で故意に人を死亡させた事件の場合は、原則的に検察官送致となる。

④ 18 歳未満の犯罪少年であっても重大事件を犯せば死刑になることがある。

⑤ 事案が軽微で少年法の適用が望ましい事件の場合は、20 歳を超えても家庭

裁判所で不処分を決定することができる。

我が国の少年院制度について、正しいものを1つ選べ。
① 少年院に受刑者を収容することはできない。
② 14歳未満の者でも少年院に送致されることがある。
③ 1つの少年院に2年を超えて在院することはできない。
④ 少年院は20歳を超える前に少年を出院させなければならない。
⑤ 少年院法で定められた少年院の種類のうち、第2種は女子少年を収容する施設である。

重大な加害行為を行った者の精神状態に関する鑑定（いわゆる精神鑑定）について、正しいものを1つ選べ。
① 裁判所が鑑定の結果とは異なる判決を下すことは違法とされている。
② 被告人が心神耗弱であると裁判所が判断した場合、罪を軽減しなければならない。
③ 被告人が心神喪失であると裁判所が判断しても、他の事情を考慮した上で必ずしも無罪にする必要はない。
④ 心神喪失者として刑を免れた対象者が、後に医療観察法に基づく鑑定を受けた場合、鑑定結果によっては先の判決が変更されることがある。
（注：「医療観察法」とは、「心神喪失等の状態で重大な他害行為を行った者の医療及び観察等に関する法律」である。）

点に差がつくミニ知識

略式名称	正式名称	目的	補足・ポイント
刑法	刑法	第1条　この法律は、日本国内において罪を犯したすべての者に適用する。 第9条　死刑、懲役、禁錮、罰金、拘留及び科料を主刑とし、没収を付加刑とする。	刑法に目的は規定されていない。懲役は2番目に重い罪である。

少年法	少年法	第1条　この法律は、少年の健全な育成を期し、非行のある少年に対して性格の矯正及び環境の調整に関する保護処分を行うとともに、少年の刑事事件について特別の措置を講ずることを目的とする。 第2条第2項　この法律で「保護者」とは、少年に対して法律上監護教育の義務ある者及び少年を現に監護する者をいう。 第3条　次に掲げる少年は、これを家庭裁判所の審判に付する 一　罪を犯した少年 二　14歳に満たないで刑罰法令に触れる行為をした少年 三　次に掲げる事由があつて、その性格又は環境に照して、将来、罪を犯し、又は刑罰法令に触れる行為をする虞のある少年 イ　保護者の正当な監督に服しない性癖のあること。 ロ　正当の理由がなく家庭に寄り附かないこと。 ハ　犯罪性のある人若しくは不道徳な人と交際し、又はいかがわしい場所に出入すること。 ニ　自己又は他人の徳性を害する行為をする性癖のあること。	第2条「この法律で「少年」とは、20歳に満たない者をいい、「成人」とは、満20歳以上の者をいう。」 児童福祉法における「児童」が18歳未満であることとの違いに注意。 罪を犯した少年：犯罪少年 14歳に満たないで刑罰法令に触れる行為をした少年：触法少年 将来、罪を犯し、又は刑罰法令に触れる行為をする虞のある少年：虞犯少年
医療観察法	心神喪失等の状態で重大な他害行為を行った者の医療及び観察等に関する法律	第1条　この法律は、心神喪失等の状態で重大な他害行為（他人に害を及ぼす行為をいう。以下同じ。）を行った者に対し、その適切な処遇を決定するための手続等を定めることにより、継続的かつ適切な医療並びにその確保のために必要な観察及び指導を行うことによって、その病状の改善及びこれに伴う同様の行為の再発の防止を図り、もってその社会復帰を促進することを目的とする。	重大な他害行為とは①殺人②放火③強盗④強姦⑤強制わいせつ⑥傷害のこと。 申し立ては「地方裁判所」に行う。
犯罪被害者等基本法	犯罪被害者等基本法	第1条　この法律は、犯罪被害者等のための施策に関し、基本理念を定め、並びに国、地方公共団体及び国民の責務を明らかにするとともに、犯罪被害者等のための施策の基本となる事項を定めること等により、犯罪被害者等のための施策を総合的かつ計画的に推進し、もって犯罪被害者等の権利利益の保護を図ることを目的とする。	第2条第2項「この法律において「犯罪被害者等」とは、犯罪等により害を被った者及びその家族又は遺族をいう。」

| ハーグ条約 | 国際的な子の奪取の民事上の側面に関する条約の実施に関する法律 | 第1条　この法律は、不法な連れ去り又は不法な留置がされた場合において子をその常居所を有していた国に返還すること等を定めた国際的な子の奪取の民事上の側面に関する条約（以下「条約」という。）の的確な実施を確保するため、我が国における中央当局を指定し、その権限等を定めるとともに、子をその常居所を有していた国に迅速に返還するために必要な裁判手続等を定め、もって子の利益に資することを目的とする。 | 子どもの返還が原則。例：3歳女児。母がドイツ人、父が日本人。3人の親子はドイツで生活していたが、父が母に無断で子どもを日本に連れ帰った。取り残された母がドイツ政府にハーグ条約に基づいて子の返還を求めた。 |

解説&テクニック

問題1　正答③

①②④⑤×　不適切である。

③○　正しい。

　①は、責任能力をキーワードに考えると消去できます。14歳未満は責任能力がないと考えられており、児童相談所での対応になります（場合によっては家庭裁判所に送致されることもあります）。②は、逆送について問われていることが分かれば消去できます。家庭裁判所の審判により検察官送致されることを逆送といいます。④は、少年法の趣旨である第1条を理解していたら消去できます。⑤の年齢については、児童福祉法や少年法で明記されていることを考えたら、20歳を超えた成人の事件を少年法の枠組みで検討することは不適切であるとわかります。残った③が正答です。

　少年法第20条　家庭裁判所は、死刑、懲役又は禁錮に当たる罪の事件について、調査の結果、その罪質及び情状に照らして刑事処分を相当と認めるときは、決定をもつて、これを管轄地方裁判所に対応する検察庁の検察官に送致しなければならない。

　2　前項の規定にかかわらず、家庭裁判所は、故意の犯罪行為により被害者を死亡させた罪の事件であつて、その罪を犯すとき十六歳以上の少年に係るものについては、同項の決定をしなければならない。ただし、

調査の結果、犯行の動機及び態様、犯行後の情況、少年の性格、年齢、行状及び環境その他の事情を考慮し、刑事処分以外の措置を相当と認めるときは、この限りでない。

 点に差がつくミニ知識

「児童の権利に関する条約」には児童に死刑を課してはならないとあります。日本はこの条約を批准しているので、少年法もその影響を受けていると考えられます。

第37条　締約国は、次のことを確保する。

（a）いかなる児童も、拷問又は他の残虐な、非人道的な若しくは品位を傷つける取扱い若しくは刑罰を受けないこと。死刑又は釈放の可能性がない終身刑は、十八歳未満の者が行った犯罪について科さないこと。

（b）いかなる児童も、不法に又は恣意的にその自由を奪われないこと。児童の逮捕、抑留又は拘禁は、法律に従って行うものとし、最後の解決手段として最も短い適当な期間のみ用いること。

（c）自由を奪われたすべての児童は、人道的に、人間の固有の尊厳を尊重して、かつ、その年齢の者の必要を考慮した方法で取り扱われること。特に、自由を奪われたすべての児童は、成人とは分離されないことがその最善の利益であると認められない限り成人とは分離されるものとし、例外的な事情がある場合を除くほか、通信及び訪問を通じてその家族との接触を維持する権利を有すること。

（d）自由を奪われたすべての児童は、弁護人その他適当な援助を行う者と速やかに接触する権利を有し、裁判所その他の権限のある、独立の、かつ、公平な当局においてその自由の剥奪の合法性を争い並びにこれについての決定を速やかに受ける権利を有すること。

問題2　正答②

①③④⑤×　不適切である。

②○　正しい。

　知識がなくても国語表現や記載内容から消去法で正答を導くことができます。②のみ「送致されることがある」と可能性を示唆している表現です。他

の①③④⑤は「できない」「させなければならない」「である」と断定した表現であることに注意して、②が〇に近い可能性を考慮しながら、選択肢を読み込みます。少年法全体をイメージすると、「少年」の定義には男子も女子も含まれた表現であることが分かり、⑤は消去できます。③④については、年数や20歳の誕生日を迎えるからといって、矯正教育を急遽終了することはできないケースもあるであろうことは容易に想像できるため、消去できます。①については、重大事件を起こした少年は、逆送され、実刑判決が下り、刑事施設（少年刑務所等）に収容されることが決まっても、年齢が16歳に達していない場合は、達するまでのあいだ少年院において矯正教育を受けることがイメージできたら、消去できます。よって②を正答と導くことができます。

 点に差がつくミニ知識

少年院の種類は、次の4種類に分けられています。
　・第1種少年院：保護処分の執行を受ける者であって、心身に著しい障害がないおおむね12歳以上23歳未満のもの（第2種少年院対象者を除く）を対象とする。
　・第2種少年院：保護処分の執行を受ける者であって、心身に著しい障害がない犯罪的傾向が進んだおおむね16歳以上23歳未満のものを対象とする。
　・第3種少年院：保護処分の執行を受ける者であって、心身に著しい障害があるおおむね12歳以上26歳未満のものを対象とする。
　・第4種少年院：少年院において刑の執行を受ける者を対象とする。

問題3　正答②
①③④×　不適切である。
②〇　正しい。

　高度な知識を求める問題なので、正答できなくても仕方がないでしょう。多くの学習者が苦慮したと推察されます。テクニックとしては、常識やイメージを使い消去法で正答を導くのがよいでしょう。①は鑑定結果が絶対であれば裁判の必要はないということがイメージできたら消去できます。②は

記載内容から○か△と判断します。③は時系列の意味で違和感を覚えます。責任能力について「他の事情を考慮した上で」裁判所が判断を下したため、心神喪失者は無罪、心神耗弱者は減軽となります。ゆえに×と判断できます。④は常識的に考えて、ころころと判決が変わっては困るとイメージできたら×と判断できます。よって、正答を②と導くことができます。

5 産業・労働分野に関する法律、制度

問題 1 (2018 年問 39)
　障害者の雇用の促進等に関する法律について、誤っているものを 1 つ選べ。
① 障害者の法定雇用率の算定基礎の対象には、精神障害者が含まれている。
② 募集、採用、賃金、教育訓練及び福利厚生施設の利用について、障害者であることを理由とする差別が禁止されている。
③ 事業主は採用試験の合理的配慮として、例えば視覚障害者に対して点字や音声などで障害の特性に応じた必要な措置を行う。
④ 障害者のみを対象とする求人など、積極的な差別是正措置として障害者を有利に取り扱うことは、禁止される差別に該当する。
⑤ 事業主が必要な注意を払っても被雇用者が障害者であることを知り得なかった場合には、合理的配慮の提供義務違反を問われない。

問題 2 (2018 年追問 46)
　労働者派遣事業の適正な運営の確保及び派遣労働者の保護等に関する法律〈労働者派遣法〉について、正しいものを 1 つ選べ。
① 派遣労働者本人からの意見を聴取すれば、派遣労働者を 3 年を超えて派遣できる。
② 専門的知識や技術を必要とする 26 の業務に限り、派遣労働者を 3 年を超えて派遣できる。
③ 60 歳以上の派遣労働者を派遣する場合は、派遣先の事業所における同一の組織単位に対し、3 年を超えて派遣できる。
④ 事業所単位での派遣可能期間の延長があれば、派遣先の事業所における同一の組織単位に対し、3 年を超えて派遣できる。

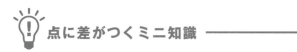
点に差がつくミニ知識

略式名称	正式名称	目　的	補足・ポイント
労働基準法	労働基準法	第1条　労働条件は、労働者が人たるに値する生活を営むための必要を充たすべきものでなければならない。 2　この法律で定める労働条件の基準は最低のものであるから、労働関係の当事者は、この基準を理由として労働条件を低下させてはならないことはもとより、その向上を図るように努めなければならない。	36（さぶろく）協定：労働基準法36条に基づいたもの。時間外・休日労働は禁じられているが、労使協定を結び労働基準監督署に届け出た場合、協定の定めにより時間外・休日労働をさせることが可能。
労働安全衛生法	労働安全衛生法	第1条　この法律は、労働基準法と相まつて、労働災害の防止のための危害防止基準の確立、責任体制の明確化及び自主的活動の促進の措置を講ずる等その防止に関する総合的計画的な対策を推進することにより職場における労働者の安全と健康を確保するとともに、快適な職場環境の形成を促進することを目的とする。	職場における安全には職業上の事故・けが・身体的健康の維持・メンタルヘルス等含まれる。常時50人以上の労働者を使用する事業所は、産業医の選任、衛生委員会の設置、ストレスチェックが義務づけられている。
労働契約法	労働契約法	第1条　この法律は、労働者及び使用者の自主的な交渉の下で、労働契約が合意により成立し、又は変更されるという合意の原則その他労働契約に関する基本的事項を定めることにより、合理的な労働条件の決定又は変更が円滑に行われるようにすることを通じて、労働者の保護を図りつつ、個別の労働関係の安定に資することを目的とする。	第5条「使用者は、労働契約に伴い、労働者がその生命、身体等の安全を確保しつつ労働することができるよう、必要な配慮をするものとする。」⇒安全配慮義務の明記
障害者雇用促進法	障害者の雇用の促進に関する法律	第1条　この法律は、障害者の雇用義務等に基づく雇用の促進等のための措置、雇用の分野における障害者と障害者でない者との均等な機会及び待遇の確保並びに障害者がその有する能力を有効に発揮することができるようにするための措置、職業リハビリテーションの措置その他障害者がその能力に適合する職業に就くこと等を通じてその職業生活において自立することを促進するための措置を総合的に講じ、もつて障害者の職業の安定を図ることを目的とする。	2018年の改正で①差別の禁止②合理的配慮の提供義務が定められ、③法定雇用率の段階的引き上げが行われた。障害者の定義の拡大：①身体障害者②知的障害者③精神障害者（発達障害含む）

男女雇用機会均等法	雇用の分野における男女の均等な機会及び待遇の確保等に関する法律	第1条　この法律は、法の下の平等を保障する日本国憲法の理念にのつとり雇用の分野における男女の均等な機会及び待遇の確保を図るとともに、女性労働者の就業に関して妊娠中及び出産後の健康の確保を図る等の措置を推進することを目的とする。	2007年の改正で、セクシャルハラスメントについて被害者が女性に限定されないこと、事業主が「必要な措置を講じなければならない」と対応の強化が求められた。
労働者派遣法	労働者派遣事業の適正な運営の確保及び派遣労働者の保護等に関する法律	第1条　この法律は、職業安定法と相まつて労働力の需給の適正な調整を図るため労働者派遣事業の適正な運営の確保に関する措置を講ずるとともに、派遣労働者の保護等を図り、もつて派遣労働者の雇用の安定その他福祉の増進に資することを目的とする。	いわゆる派遣労働者に関する法律のこと。派遣期間は3年間までと定められている。

解説&テクニック

問題1　正答④

①○　正しい。平成30年4月1日から、障害者雇用義務の対象として、これまでの身体障害者、知的障害者に精神障害者が加わった。

②○　正しい。第34条「事業主は、労働者の募集及び採用について、障害者に対して、障害者でない者と均等な機会を与えなければならない。」第35条「事業主は、賃金の決定、教育訓練の実施、福利厚生施設の利用その他の待遇について、労働者が障害者であることを理由として、障害者でない者と不当な差別的取扱いをしてはならない。」

③○　正しい。第36条の2「事業主は、労働者の募集及び採用について、障害者と障害者でない者との均等な機会の確保の支障となつている事情を改善するため、労働者の募集及び採用に当たり障害者からの申出により当該障害者の障害の特性に配慮した必要な措置を講じなければならない。ただし、事業主に対して過重な負担を及ぼすこととなるときは、この限りでない。」

④×　厚生労働省の「障害者の雇用の促進等に関する法律の一部を改正する法律の施行について」には「労働者の募集・採用については、その対象から単に障害者を排除することのほか、特定の障害種別の障害者を排除することについても法が禁止する差別に該当するが、障害者のみを対象として労働者を募集・採用する場合において障害種別を限定して募集を行うことは、法が禁止する差別には該当しない」と明記されている。

⑤○　正しい。厚生労働省の「合理的配慮指針」に「合理的配慮の提供は事業主の義務であるが、採用後の合理的配慮について、事業主が必要な注意を払ってもその雇用する労働者が障害者であることを知り得なかった場合には、合理的配慮の提供義務違反を問われない」と明記されている。

　障害者差別解消法のイメージ（差別の禁止・合理的配慮）をもって消去法で正答を導けるとよいでしょう。①②③は差別の禁止・合理的配慮のイメージから○と判断できます。④はよく読むと、「積極的な差別是正措置として障害者を有利に取り扱うこと」は「差別に該当する」とあり、「積極的な差別是正措置」＝「差別に該当する」と読み取れます。常識的に考えると「積極的な差別是正措置」＝「差別に該当しない」が正しいであろうと推察で

き、×に近い△としておきます。残った⑤は例えば、全職員に一斉メール等を行ったものの当該障害者から合理的配慮の申請等がないような場合は、「事業主が必要な注意を払っても」「知り得なかった場合」と考えられ、そのような場合は「合理的配慮の提供義務違反を問われない」と常識的には考えられ○と判断できます。よって、×に近い△と判断した④を正答と導くことができます。

問題2　正答③

①×　3年を超えて派遣することは可能ではある。その際には、過半数労働組合等の意見を聴く必要がある（派遣労働者本人の意見聴取ではない）。

②×　26の業務など関係なく雇用契約の期間は3年に統一されている。

③○　正しい。

④×　不適切である。

問題文にある正式名称は「労働者派遣事業の適正な運営の確保及び派遣労働者の保護等に関する法律」です。つまり、①派遣事業の適正な運営、②派遣労働者の保護が目的であることが分かります。この法律のポイントは、同じ人を同じ事業所の同じ部署で派遣労働者として就労させることができるのは「3年まで」で、引き続き同じ職場・部署で働きたい場合は、正社員・契約社員・無期雇用派遣社員など、雇用形態を切り替えないと働けないことです。このことから、①は法の趣旨と異なる例外を本人の意見を聴取すれば行ってもよいと解釈できるため、×と判断できます。②どの業務も派遣は3年までというのが基本ルールであることが分かれば消去できます。③は例外ルールであろうことが推察できれば○と判断できます。④は基本ルールと異なっており、×と判断できます。よって正答は③と導けます。

 点に差がつくミニ知識

具体的に労働者派遣法がイメージできていると、様々な問題に対応できるでしょう。例えば、30歳男性Xさんが大手の自動車会社の人事課に派遣されていて、その場合、3年間を超えて同一の組織単位（人事課）で勤めることはできませんが、異なる組織単位（同じ会社の総務課）で勤めることは可能といえます。しかし、この際、過半数労働組合等の意見聴取が必要となります。60歳男性Y

さんも同じ大手自動車会社の人事課に派遣されています。この場合、3年間を超えて同一の組織単位（人事課）で勤めることはできます。例外ルールを具体的にイメージしながら覚えられるとよいでしょう。

CHAPTER 12 その他（心の健康教育に関する事項等）

1 健康日本21

　健康日本21とは、正式名称を「21世紀における国民健康づくり運動（健康日本21）」という。健康日本21は、平成15年に告示された国としての国民の健康の増進の総合的な推進を図るための基本的な方針であった。しかし、健康増進法の制定に伴い、平成25年度から「21世紀における国民健康づくり運動（健康日本21（第二次））」に改正された。

問題1 (2018年追問135)
　健康日本21（第二次）について、正しいものを2つ選べ。
① 地域保健法の規定に基づく。
② 平均寿命の延伸が基本目標である。
③ 生活習慣病の一次予防に重点を置いた対策を推進する。
④ 高齢者の認知症の治療や介護の推進が目標の1つである。
⑤ 小児科医と児童精神科医の増加が心の健康の目標の1つである。

問題2 (2020年問135)
　健康日本21（第二次）において、こころの健康として数値目標が設定されている精神障害として、適切なものを2つ選べ。
① 依存症
② 気分障害
③ 適応障害
④ 発達障害
⑤ 不安障害

問題 1　正答③⑤

①× 　健康増進法のことである。

②× 　健康寿命の延伸が基本目標である。

③○ 　その通りである。

④× 　介護等を必要としない健康的な生活を推進している。

⑤○ 　その通りである。小児科医と児童精神科医の増加が心の健康の目標の１つ
である。

> 　健康日本 21 の基本的なイメージをもっていれば、消去法で正答を導き出
> せます。仮に知らなかったとしても、「健康」という概念やイメージと①②
> ④がそぐわないことが分かれば消去できます。③は普通に解釈して正しいと
> 判断できます。⑤は細かい知識を求めていますが、この流れで考えていけば
> ⑤を正答として残すことができます。

問題 2　正答②⑤

①③④× 　不適切である。

②⑤○ 　適切である。

> 　厚生労働省の資料に「②気分障害・不安障害に相当する心理的苦痛を感じ
> ている者の割合の減少」という記載があります（https://www.mhlw.go.jp/
> file/05-Shingikai-10601000-Daijinkanboukouseikagakuka-Kousei
> kagakuka/0000047553.pdf）。この知識がなかった場合は、日本が自殺大
> 国であることをイメージし（上の資料にも「①自殺者の減少」と記載がある
> ように自殺を問題視している）、関与しそうな疾患の選択肢を絞っていきま
> す。そうすると、自殺とあまり関係がないものとしてまず①④があがり、②
> ③でどちらが自殺イメージと近くないかと考え、③を消去し、残った②⑤を
> 正答と判断します。

点に差がつくミニ知識

健康増進法と健康日本 21 の関連性

　健康増進法は健康日本 21 の法的基盤です。つまり、「法的基盤＞政策」であるため「健康増進法＞健康日本 21」と理解できます。健康増進法では、健康づくり、疾患予防に関した各種の施策を進めるために制定されました。食事・運動・受動喫煙防止などの生活習慣の改善を通した健康の増進を目指しています。一次予防として健康日本 21 を位置づけ、疾患の早期発見を二次予防として、地方自治体の各種検診（がん検診等）に位置づけています。これらを踏まえて以下のポイントを理解しましょう。

　　健康日本 21 の目標

　　・健康寿命の延伸と健康格差の縮小

　　健康日本 21 で目標が設定されている生活習慣病は 4 つである。

　　　　1. がん
　　　　2. 糖尿病
　　　　3. 循環器疾患
　　　　4. 慢性閉塞性肺疾患（COPD）

　　健康日本 21 が取り組む 9 つの課題は以下である。以下について具体的な数値目標が掲げられている。

　　　　1. 栄養・食生活
　　　　2. 身体活動と運動
　　　　3. 休養・こころの健康づくり
　　　　4. たばこ
　　　　5. アルコール
　　　　6. 歯の健康
　　　　7. 糖尿病
　　　　8. 循環器病
　　　　9. がん

2 心理教育

　心理教育とは、情報を提供することによる知識教育などのことを指す。精神疾患やエイズ、発達障害等を抱える当事者や、当事者の家族への心理教育などがある。病気等の様々な問題を抱えながら、どこに相談してよいか分からず困っている当事者や家族に、正しい知識や必要な情報を学ぶ機会を広げ、どのように対処・工夫するかを支援者とともに協働して考えていく支援の方法である。

問題 1 (オリジナル)

　心理教育について不適切なものを１つ選べ。

① 心理教育は個人を対象としたものに加え、当事者の家族等を対象にしたものもある。

② 心理教育は１回のみの単発のものである。

③ 心理教育の具体例として、入院しているうつ病患者数名を集めて、医療従事者が情報提供をしながら、皆で対処法を考えていく方法がある。

④ 心理教育の具体例として、自治体で発達障害者の家族を集めて、教育・医療・療育等の専門家が情報提供しながら、当事者の家族としての対処法を考えていく方法がある。

問題 2 (オリジナル)

　前年度に自殺者がでた中学校に着任した公認心理師であるスクールカウンセラーが、管理職から心理教育の実施を依頼された。その学校は大規模校で 600 人を超える生徒がおり、かつ特別支援学級も併設されている。このような状況の中でスクールカウンセラーが行う内容として不適切なものを１つ選べ。

① 依頼されたので着任早々に全校生徒にむけて、体育館で自殺予防の心理教育を行う。

② まずは、前年度の自殺者がでた状況等を校内委員会等で確認する。

③ まずは、各学年の様子を行動観察する。

④ 特別支援学級の担任との情報交換を行い、全校生徒合同で行うのか特別支援学級の生徒と通常学級の生徒と分けて行うのかを検討する。

⑤ 特別支援学級の生徒の行動観察を行う。

点に差がつくミニ知識 ━━━━━━━━━━━━━━━━━━━━━

　「心理教育を中心とした心理社会的援助プログラムガイドライン」では、心理
教育の意義と目標として、「心理教育は、精神障害やエイズなど受容しにくい問
題を持つ人たちに、正しい知識や情報を心理面への十分な配慮をしながら伝え、
病気や障害の結果もたらされる諸問題・諸困難に対する対処方法を修得してもら
うことによって、主体的な療養生活を営めるよう援助する技法」であり、「対象
者が自ら抱えた困難を十分に受け止めることができるよう援助するとともに、困
難を乗り越える技術を修得すること、現実に立ち向かうことができる力量を身に
つけること（empowerment）、困難を解決できるという自信（self-efficacy）を
身につけること、自己決定・自己選択の力を身に付けること、リハビリテーショ
ンプログラムなどの援助資源を主体的に利用できるようになること」を心理教育
では目指すとされています。つまり、「単に対象者に必要な知識・情報を提供す
るだけでなく、その人たちが地域の各種ケアプログラムを主体的に利用できるよ
うに援助するとともに、自分らしく生き生きとした地域生活を営める力量を身に
つけるように援助するアプローチ、すなわち心理教育は総体としてエンパワーメ
ントの援助となる」と明記されています。

問題1　正答②

①③④○　その通りである。

②×　心理教育後のフォローアップも必要である。

心理教育が情報を提供することによる知識教育などを指すことを理解していれば、すぐに正答を導き出せますが、②に「のみ」という限定された表現があることに注目し他の選択肢の内容と照らし合わせれば、発達障害の家族やうつ病の患者が一度の心理教育で理解が深まることの難しさに違和感を覚え、②を×と判断することができるでしょう。

問題2　正答①

①×　心理教育を早めに行うことは予防的観点からみると望ましいといえる。しかし、その学校の状況等を把握しないことには、生徒のニーズに合った心理教育は行えない。

②③④⑤○　その通りである。

心理教育を公認心理師が実際に行う際に必要な内容で、実践的な問題です。校内アセスメントをせずにすぐ実施するか、校内アセスメントを行ってから実施するかという点を問われていることに気づけたら、アセスメントを行わずに心理教育を行う①が不適切であると判断することができます。

3 支援者のメンタルヘルス

　公認心理師だけでなく、医師・看護師・教員など様々な領域における対人援助職（支援者）には、自分自身の感情コントロールが必要とされている。このような感情コントロールが必須とされる仕事を感情労働と呼ぶ。また、公認心理師、医師、看護師、教員などは、時に業務の中で自分への自信を失ったり、無力感に襲われたりすることもある。このような時に、対人援助職（支援者）はバーンアウト（燃え尽き）に陥ることもある。そうならないように、対人援助職（支援

者）自身のメンタルヘルスは重要な位置づけにある。したがって、対人援助職（支援者）は自身のメンタルヘルスを健康な状態に維持するために、相互に助け合ったり、セルフケアをしたりすることが重要といえる。

問題 1（オリジナル）

　支援者のメンタルヘルスについて、不適切なものを2つ選べ。

① 支援者を感情労働者と捉える。

② 支援者のメンタルヘルスについては、自身でのセルフケア等が重要である。

③ 支援者がメンタルヘルスのバランスを崩したときは、要支援者の支援を行うことは控えるべきである。

④ 支援者がメンタルヘルスのバランスを崩すのは、支援者自身に課題があるからである。

⑤ バーンアウトに陥る支援者は、専門職としての適性に欠ける。

問題 2（オリジナル）

　災害救援者・支援者のメンタルヘルスについて不適切なものを2つ選べ。

① 大規模災害等における救援者・支援者のストレス（惨事ストレス）は甚大なものである。

② 惨事ストレスは「異常事態における正常な反応」であり、誰にでも起こりうるものである。

③ 災害救援者・支援者に生じうる心身の反応に、遺体関連業務特有の反応は含まれない。

④ 救援者・支援者もまた被害を受けていることを自覚する必要がある。

⑤ 気分転換のためには、嗜好品（コーヒー・酒・タバコ等）を多く取り入れるとよい。

問題 1　正答④⑤

①②③○　正しい。

④×　例えば災害地における支援者は、過酷な状況ゆえに支援者自身がメンタルヘルスのバランスを崩すことは少なくない。

⑤×　④と同様である。

　　基本的な問題であり、支援者自身のメンタルヘルスの重要性、すなわち支援者もメンタルヘルスのバランスを崩す可能性があることを理解していたら、消去法で不適切な2つを選ぶことができるでしょう。仮にそのような知識がなかったとしても、昨今、熱心な教員や医療従事者が休職等しているニュースを見聞きしていたら、④⑤が不適切であることは判断できるでしょう。

問題 2　正答③⑤

①②④○　正しい。

③×　災害救援者・支援者に生じうる心身の反応に、遺体関連業務特有の反応は含まれる。例えば、気持ち悪さ・嫌悪感や遺体・遺留品に感情移入するなどが挙げられる。

⑤×　気分転換は図った方が望ましい。しかし、生活ペースを維持するという点からは、取りすぎることは望ましくない。

　　災害時の救援者・支援者に関する問題であり、慣れないテーマであった可能性はあります。しかし、公認心理師として自分がその場にいたらどうなるのか等思いを巡らすことができれば、正答を導けるでしょう。災害時で遺体関連業務や遺族への対応を自分が行った場合どうなるか、気分転換とはいえ、惨事ストレス下に、自分がコーヒー、酒、たばこを多く取り入れるとどうなるかを考えれば、③⑤が不適切であると分かるでしょう。

4 こころの健康対策

　厚生労働省の「休養・こころの健康」では、こころの健康について「いきいきと自分らしく生きるための重要な条件である。具体的には、自分の感情に気づいて表現できること（情緒的健康）、状況に応じて適切に考え、現実的な問題解決ができること（知的健康）、他人や社会と建設的でよい関係を築けること（社会的健康）を意味している。人生の目的や意義を見出し、主体的に人生を選択すること（人間的健康）も大切な要素であり、こころの健康は「生活の質」に大きく影響するもの」とされている。

　さらには「こころの健康には、個人の資質や能力の他に、身体状況、社会経済状況、住居や職場の環境、対人関係など、多くの要因が影響し、なかでも、身体の状態とこころは相互に強く関係している。」とされ、こころの健康対策として、休養、ストレスへの対応、睡眠への対応を掲げている。

問題 1 （オリジナル）

　国が掲げているこころの健康対策の方向性として、不適切なものを2つ選べ。

① 健康日本21における「休養・健康づくり」の目標値として、「最近1か月間にストレスを感じた人」の割合の減少を掲げている。

② 健康日本21における「休養・健康づくり」の目標値として、自殺者の減少を掲げ、基準値約5万人の半分を目指している。

③ 健康日本21における「休養・健康づくり」の目標値として、「睡眠による休養を十分にとれていない人」の割合の減少が掲げられている。

④ 健康日本21における「休養・健康づくり」の目標値として、「睡眠の確保のために睡眠補助品（睡眠薬・精神安定剤）やアルコールを使うことのある人」の増加を掲げている。

問題 2 （オリジナル）

　こころの病気への対応として、適切なものを2つ選べ。

① こころの病には統合失調症、躁うつ病、人格障害、薬物依存などさまざまなものがある。そのなかでも、現代のストレス社会では統合失調症が大きな問題になっている。

② 日本の自殺者総数は24,000人から25,000人で推移していたが、1998年には

一挙に 31,000 人を超えた。

③　自殺予防は精神保健の最重要課題の 1 つといえる。

④　自殺はひとつの要因だけで生じるものではなく、多くの要因が絡み合って起こる。特に統合失調症は最も重要な要因であるといわれている。つまり、統合失調症を早期に発見し、適切に治療することが自殺予防のポイントの 1 つといえる。

問題 3 (2018 年追問 117)

心的外傷後ストレス障害〈PTSD〉について、誤っているものを 1 つ選べ。

①　うつ病やアルコールの問題を合併することがある。

②　自分自身や他者への非難につながる、出来事の原因や結果についての持続的で歪んだ認識を持つことがある。

③　私が悪い、誰も信用できない、いつまた被害に遭うか分からないといった、否定的な信念や予想が含まれる。

④　一定期間が経過しても自然軽快しない場合には、トラウマに焦点を当てた認知行動療法や EMDR などの実施を検討する。

⑤　日常的に行われる家庭内暴力〈DV〉や虐待などによって生じるものは含めず、災害、犯罪、交通事故などの単回の出来事によって生じるものをいう。

問題 4 (オリジナル)

精神疾患に関する以下の記述のうち不適切なものを 1 つ選べ。

①　うつ病患者の医療機関への受診率は低いことがわかっている。

②　国として、市町村が実施している介護予防事業における介護リスクを図るための「基本チェックリスト」にはうつ病に関する項目が入っており、それを活用してうつ病高齢者の早期発見を図っている。

③　国として、早期の対応には、内科医等かかりつけ医に受診した段階でうつ病患者を見つけることが有効であると考えている。

④　精神障害等にかかわる労災認定件数が減少傾向にある。

点に差がつくミニ知識

　厚生労働省ホームページ内、「みんなのメンタルヘルス」の「国の政策と方向性」に、こころの健康対策（うつ病、薬物依存症、PTSD）の説明が述べられています。そこには、

①「厚生労働省では、うつ病を、極めて重要な健康問題としてとらえ、こころの健康を保つためのこころの健康づくりから、早期発見、うつ病にかかったときの治療や社会的支援にわたる対策」を進めていく旨が記載されています。

②「薬物依存症の回復に有効と考えられている自助団体の活動の支援や、関係機関による依存症対策に係る地域連携体制の構築と効果的な依存症対策の開発・実施を目的として、平成 21 年度から『地域依存症対策推進モデル事業』」を行い、「平成 24 年度から地域依存症対策支援事業を開始し、これまでの地域依存症対策推進モデル事業において特に効果的な事例について更に検証等を行い、地域における依存症対策の推進」を図っています。

③「大規模災害や犯罪被害者にあわれた方やそのご家族などに対するこころの相談活動の質の向上を図るため、病院、精神保健福祉センターなどに勤務する医師、保健師などを対象として、PTSD 対策専門研修」を開催したり、「精神保健福祉センターにおける犯罪の被害にあわれた方やそのご家族を支援するために必要な知識、資料をまとめたガイドラインの作成」をしたり、「大地震をはじめとして各種自然災害や犯罪、事故などの人為災害において、『こころのケア』に関する基本的な知識や支援方法について広く共有するために医師、保健師、看護師、行政職員などを対象に『災害時地域精神保健医療活動ガイドライン』を作成し、各都道府県に配布」したりしていることが記載されています。

　つまり国としては、これらのうつ病・薬物依存症・PTSD を重視していることが読み取れます。

解説＆テクニック

問題 1　正答②④

①③○　正しい。

②×　日本の自殺者数は平成30年に年間約20,840人まで減少した。健康日本21における「休養・健康づくり」の「自殺者の減少」における目標値は基準値31,755人（平成10年厚生省人口動態統計）として、目標値22,000人以下が掲げられている。

④×　健康日本21における「休養・健康づくり」の「睡眠の確保のために睡眠補助品（睡眠薬・精神安定剤）やアルコールを使うことのある人」への目標値は、基準値14.1%（平成8年度健康づくりに関する意識調査（（財）健康・体力づくり事業財団））として、目標値1割以上の減少を掲げている。

　　日本の年間の自殺者数がイメージできていれば、すぐに正答を導くことができます。仮に知らなくても、①③は当然の内容であり○と判断できます。②は知識がなければ△にしておき、④は常識的に考えて、睡眠薬・精神安定剤やアルコールを使わずに眠ることができる人が増えてほしいと国が考えていることがイメージできたら×と判断し、残った②④が不適切であると判断できます。

問題 2　正答②③

①④×　統合失調症ではなく正しくはうつ病である。

②③○　正しい。

　　基本的な問題であり、自殺の要因にうつ病が関係していることを理解していたら、すぐに正答を導くことができます。自殺対策基本法やうつ病で仕事を休む人が多いことをニュース等で見聞きしていたら、③は○、①④は×と判断できます。仮に②について知らず△にしていたとしても、正答は②③であろうと判断ができるといえます。

問題3　正答⑤

①②③④○　正しい。

⑤×　日常的に行われる家庭内暴力〈DV〉や虐待などによって生じるものは PTSD に含まれる。DSM-5 における PTSD の診断基準に、「心的外傷的出来事の強い不快感をいだく細部に、繰り返しまたは極端に曝露される体験をする（例：遺体を収集する緊急対応要員、児童虐待の詳細に繰り返し曝露される警官）」と記載され、「繰り返し」であり「単回」ではないことが記載されている。

　診断基準を知らず、①②③④を△しか付けられなかったとしても、DV や虐待によって PTSD が生じることは容易に想像できるため、そのことを否定している記載内容の⑤が×であることは判断できるでしょう。

問題4　正答④

①②③○　正しい。

④×　精神障害等にかかわる労災認定件数は増加傾向にある。

　①②③については知らなければ△を付けるしかありませんが、④については昨今のニュース等を見聞きしていたら、労災認定件数が増加傾向にあることはわかり、④が不適切であると判断することができるでしょう。

5 災害時の心理的支援

　災害時には医療・保健・福祉等様々な面で支援が必要である。なかでもメンタルヘルスの問題は幅広く、中長期的な支援が必要といえる。災害発生時は、身体外傷のケアに追われやすい。しかし、避難所にいる要支援者の中には、発達障害・精神障害・知的障害・身体障害・糖尿病などの慢性疾患を抱えた人、妊婦・乳幼児等、配慮の必要な人も少なくない。国の流れとしては、阪神・淡路大震災以降、精神医療・保健分野において、外部からの支援として厚生労働省が斡旋する「心のケアチーム」の活動が展開されてきた。しかし、2011 年東日本大震災における活動が、チームのバッティング、情報共有不足等課題がみられ、「心のケアチーム」のあり方を見直す契機となり、その後、2013 年に厚生労働省は「災害派遣精神医療チーム（DPAT）活動要領」を定めた。このような流れ（心のケアチーム⇒ DPAT）は押さえておきたい。

問題 1（2018 年問 1）
　サイコロジカル・ファーストエイドを活用できる場面として、最も適切なものを 1 つ選べ。
① インテーク面接
② 予定手術前の面接
③ 心理検査の実施場面
④ 事故現場での被害者の救援
⑤ スクールカウンセリングの定期面接

問題 2（2018 年問 93）
　災害時の支援について、正しいものを 1 つ選べ。
① 被災直後の不眠は病的反応であり、薬物治療を行う。
② 被災者に対する心理的デブリーフィングは有効な支援である。
③ 危機的な状況で子どもは成人よりリスクが高く、特別な支援を必要とする。
④ 被災者の悲観的な発言には、「助かって良かったじゃないですか」と励ます。
⑤ 被災者から知り得た情報は、守秘義務に基づき、いかなる場合も他者に話してはならない。

災害発生後の「被災者のこころのケア」について、正しいものを 1 つ選べ。

① ボランティアが被災者を集め、被災体験を語ってもらう。

② 避難所などにおける対象者のスクリーニングは、精神科医が実施する。

③ 支援者のストレス反応に対しては、役割分担と業務ローテーションの明確化や業務の価値づけが有効である。

④ 避難所などにおけるコミュニティ形成について経験のある NPO への研修を迅速に行い、協力体制を整備する。

⑤ 悲嘆が強くひきこもりなどの問題を抱えている被災者を「見守り必要」レベルとして、地域コミュニティのつながりで孤立感を解消する。

巨大な自然災害の直後におけるサイコロジカル・ファーストエイドについて、適切なものを 2 つ選べ。

① 被災者の周囲の環境を整備し、心身の安全を確保する。

② 被災者は全て心的外傷を受けていると考えて対応する。

③ 被災体験を詳しく聞き出し、被災者の感情表出を促す。

④ 食糧、水、情報など生きていく上での基本的ニーズを満たす手助けをする。

⑤ 被災者のニーズに直接応じるのではなく、彼らが回復する方法を自ら見つけられるように支援する。

災害発生後早期の支援について、最も適切なものを 1 つ選べ。

① 身体に触れて安心感を与える。

② GHQ-28 を用いて被災者の健康状態を調査する。

③ 災害以前から治療を受けている疾患がないかを被災者に確認する。

④ 被災者のグループ面接で避難生活の不満を互いに話し、カタルシスが得られるようにする。

⑤ 強い精神的ショックを受けた被災者が混乱して興奮している状態を、正常な反応として静かに見守る。

問題1　正答④

①②③⑤×　不適切である。

④○　適切である。

> 　サイコロジカル・ファーストエイドの内容を知らなかったとしても、英語から意味を推測すれば「サイコロジカル＝心理的」「ファーストエイド＝応急処置」となり、④が正答と分かります。「ファーストエイド」の意味が分からなくても、「バンドエイド」という身近な単語から、けが等の処置をイメージでき、心理的な処置で「ファースト＝1番」という意味から選択肢を絞れば、正答にたどりつけます。

 点に差がつくミニ知識

サイコロジカル・ファーストエイド（心理的応急処置）

　サイコロジカル・ファーストエイド（Psychological First Aid：PFA）とは、危機的な出来事に見舞われて苦しんでいる人に行う人道的、支持的、かつ実際的な支援のことです。WHO版心理的応急処置（PFA）フィールドガイドによると、責任をもって支援するために、大切な4つのことが示されています。

　　1.　安全、尊厳、権利を尊重する。

　　2.　相手の文化を考慮して、それに合わせて行動する。

　　3.　そのほかの緊急対応策を把握する。

　　4.　自分自身のケアを行う。

　また、活動原則としては、3つの「見る」・「聞く」・「つなぐ」の原則があります。

　　1.　見る：安全確認・明らかに急を要す基本的ニーズのある人の確認・深刻なストレス反応を示す人の確認。

　　2.　聞く：支援が必要と思われる人々に寄り添う・必要なものや気がかりなことについてたずねる・人びとに耳を傾け、気持ちを落ち着かせる手助けをする。

　　3.　つなぐ：生きていく上での基本的なニーズが満たされ、サービスが受け

られるように手助けする・自分で問題に対処できるよう手助けする・情報を提供する・人々を大切な人や社会的支援と結びつける。

問題2　正答③

①× 災害直後の不眠は異常な事態での健康な反応である。

②× 心理的デブリーフィングによるPTSDの予防効果については、現在は否定されている。心理的デブリーフィングとは、トラウマ的体験を話すように促し、トラウマ対処の心理教育を行うものである。例えば、大災害等を経験した人を集めたグループディスカッションなどで被災の状況等について語らせること等がある。WHO版心理的応急処置（PFA）フィールドガイド内でも、「PFAは『心理的デブリーフィング』にかわるもの」であり、「『心理的デブリーフィング』にはすでに有効性がないこと」が実証されている旨の記載がある。

③○ その通りである。子どもは大人ほど言語化できないため身体反応も出やすいといえる。それゆえ、特別な支援等が必要である。

④× 災害時に必要な支援は「見る・聞く・つなぐ」である。

⑤× もちろん守秘義務は重要である。しかし、「いかなる場合も他者に話してはならない」という箇所が×である。緊急時等は守秘義務の例外が適応されるであろう。

> 知識がない場合は消去法を用います。④は支援者が行う発言ではないため×を付けます。①の災害直後の不眠は自分自身にも生じる可能性が想像できたら×と判断できます。⑤は緊急時の災害支援で守秘義務の例外状況がないわけがないと想像できれば×にできます。残るは②③です。②については○の可能性もありますし、×の可能性もあります。③は文章全体を通して○の可能性が高いです。すると、③が正答である可能性が高いと判断します。

問題3　正答③

①× デブリーフィングは行わないのが基本である。

②× 避難所などにおける対象者のスクリーニングは、「保健師」が実施する。

③○ 正しい。

④× この内容は「災害発生前」に行うのが望ましい。

⑤× 悲嘆が強くひきこもりなどの問題を抱えている被災者を「見守り必要」レ

ベルとして、被災者に対する傾聴、アドバイス等のこころのケアを実施する。

①はデブリーフィングの知識があればすぐに消去できます。仮にその知識がなくても、ボランティア主導にさせる内容ではないと判断できます。②は、精神科医はスクリーニングされた人々へのアセスメントをすることが望ましい、スクリーニングは看護師や保健師等医師以外の医療従事者もできることをイメージできたら消去できます。③は内容から推測すると〇か△とイメージできます。④は災害発生後に研修を行っている場合ではないことが容易に想像でき消去できます。⑤は、「悲嘆が強くひきこもりなどの問題を抱えている被災者」が「地域コミュニティのつながり」がもちにくいことは容易に想像できるので×を付けます。よって、〇か△の可能性である③が正答になります。

 点に差がつくミニ知識

こころのケアレベル

内閣府が作成した「被災者の心のケア都道府県対応ガイドライン」に示された内容を以下にまとめます。

こころのケアレベルは、被災者の特性に応じて①「一般の被災者」レベル②「見守り必要」レベル③「疾患」レベルの3段階に分けられます。

具体的な対応としては、

1. 「一般の被災者」レベル：地域コミュニティの維持回復・再構築が非常に効果的。支援者＝ボランティア・一般住民

2. 「見守り必要」レベル：ケアを行わないと「疾患」レベルに移行する可能性が高い被災者や、悲嘆が強く引きこもり等の問題を抱えている被災者を対象。これらの被災者に対する傾聴、アドバイス等のこころのケアを実施。また、医療ケアの必要性について判断し、必要に応じてつなぐ。支援者＝保健師・心理職

3. 「疾患」レベル：発災により医療ケアが必要と判断された被災者や、発災前から精神疾患を持つ患者への処方・投薬等の精神科医療ケアが含まれる。支援者＝精神科医

問題 4　正答①④

①④○　正しい。

②×　スクリーニングの必要性がない考え方であり、不適切である。

③×　デブリーフィングは行わないのが基本である。

⑤×　目の前の人のニーズにこたえる必要がある。

　　サイコロジカル・ファーストエイドの基本的な知識がない場合は、消去法で正答を導くのがよいでしょう。②は「全て」という表現がひっかけキーワードである可能性を疑い、内容を吟味します。同じ事故を目撃しても心的外傷を受ける人、そこまでではない人など違いがあるのが想像できれば×と判断できます。③は「詳しく」という表現がひっかけキーワードである可能性を疑い、内容を吟味します。被災者が聞いてほしいと望んでいないのに詳しく聞き出す必要はなく、×と判断し消去できます。⑤は自分自身が「巨大な自然災害の直後に」どんな支援をしてほしいかと想像すれば、「被災者のニーズに直接応じる支援＞彼らが回復する方法を自ら見つけられるような支援」と判断ができ×を付けます。このように×と判断できる箇所や内容を探していき、残った①④が正答となります。

問題 5　正答③

①×　身体に触れられることでネガティブな気持ちを持つ人もいるため、不適切である。

②×　必ずしも「GHQ-28」を用いる必要はない。

③○　正しい。

④×　デブリーフィングは行わないのが基本である。

⑤×　正常な反応の域なのか否か、適切にアセスメントする必要があるため「静かに見守る」対応は不適切である。

　　「災害発生後早期の支援」というタイミングを考慮して、自分が被災者ならどう思うか、支援者なら何をするべきかという視点で消去法を用い、正答を導くとよいでしょう。①は、男性支援者が女性被災者に身体接触することが望ましいかと考えたら×と判断できます。②は、必ず「GHQ-28」を用いる必要があるのか否かと判断すれば、必然性が低いため×と判断できます。③は糖尿病・人工透析等早期の医療介入が必要なケースを想像すれば○

であろうと推測できます。④「災害発生後早期の支援」として適切か否か、またデブリーフィングに近い内容もイメージでき、×と判断できます。⑤は精神科医につなぐ必要性が伺えるため、×と判断できます。ゆえに、○と推測した③を正答と導き出せます。

 点に差がつくミニ知識

DPAT (Disaster Psychiatric Assistance Team)

DPAT とは集団災害の後、被災地域に入り、精神科医療および精神保健活動の支援を行う専門的なチームです。具体例としては、自然災害や航空機・列車事故、犯罪事件等があります。DPAT 事務局作成「DPAT 活動マニュアル」によると、以下のように明記されています。

- DPAT 活動 3 原則：SSS（スリーエス）
  ① Self-sufficiency：自己完結型の活動
    移動、食事、通信、宿泊等は自ら確保し、自立した活動を行うこと。また自らの健康管理（精神面も含む）、安全管理は自らで行うこと。
  ② Share：積極的な情報共有
    被災・派遣自治体の災害対策本部や担当者、被災地域の支援者、及び他の保健医療チームとの情報共有、連携を積極的に行うこと。
  ③ Support：名脇役であれ
    支援活動の主体は被災地域の支援者である。地域の支援者を支え、その支援活動が円滑に行えるための活動を行う。ただし、被災地域の支援者は被災者でもあることに留意すること。
- DPAT の定義
    DPAT は、各都道府県等が継続して派遣する災害派遣精神医療チーム全ての班を指す。DPAT を構成する班の中で、発災当日から遅くとも 48 時間以内に、所属する都道府県等外の被災地域においても活動できる班を先遣隊とする。先遣隊は、主に本部機能の立ち上げやニーズアセスメント、急性期の精神科医療ニーズへの対応等の役割を担う。先遣隊の後に活動する班は、主に本部機能の継続や被災地での精神科医療の提供、精神保健活動への専門的支援、被災した医療機関への専門的支援、支援者（地域の医療従事者、救急隊員、自治体職員等）への専門的支援等の役割を担う。
- DPAT は以下の職種を含めた数名（車での移動を考慮した機動性の確保でき

る人数を検討）で構成すること。

　　精神科医師
　　看護師
　　業務調整員（ロジスティクス）：連絡調整、運転等、医療活動を行うための
　　後方支援全般を行う者
※先遣隊を構成する医師は精神保健指定医でなければならない。先遣隊以外の
班を構成する医師は精神保健指定医であることが望ましい。
被災地のニーズに合わせて、児童精神科医、薬剤師、保健師、精神保健福祉士
や臨床心理技術者等を含めて適宜構成すること。
・1班あたりの活動期間は1週間（移動日2日・活動日5日）を標準とする。

 点に差がつくミニ知識

支援者のケア
　国立精神神経医療研究センター内のストレス・災害時こころの情報支援セン
ターに支援者向けの有益情報が掲載されています。以下に同センター内の「災害
救援者メンタルヘルス・マニュアル」に記載されているポイントをまとめます。
・大規模災害における救援者・支援者のストレス（惨事ストレス）は甚大⇒具
　体的には、惨状の体験・目撃、被災者・遺族への関わり、遺体への関わり、
　二次災害の危険性、指揮系統の混乱、過重労働等。
・大惨事の場合、そのストレスは甚大⇒本来の適応能力では対処しきれない衝
　撃。
・惨事ストレスは「異常事態に対する正常な反応」で、誰にでもある。
・反応が出た場合でも、多くは一時的で次第に収まり回復するが、一部は、そ
　の影響が長引く場合もありえる。
・救援者・支援者ストレスを受けた際の心身の反応を理解する必要がある。
・大規模緊急事態において、業務量は無限。
・支援者にとって、業務内容の曖昧さ、本来の目的が分からなくなる事態は大
　きな負担。
・支援者もまた被害を受けていることを自覚する。
・悲惨な現場の目撃は心理的なトラウマとなる。
・支援者のストレス対策として①職務の目標設定②生活ペースの維持③自分の
　心身の反応への気づき④気分転換の工夫⑤一人でためこまないという点があ

る。

・遺体関連業務では、注意すべき点がある。若者・未経験者等は影響を受けやすい。影響を受けやすい状況としては、遺体を多数目撃する、長時間遺体に関わること等がある。影響を受けやすい遺体の特徴としては、損傷が激しい遺体、まるで生きているかのような遺体等がある。

　支援者・救援者自身が、自分のストレス反応が出ることを自覚し、自分の体の状態を把握し、積極的にセルフケアすることが求められることが読み取れます。

索 引

226

233

青山　有希 （あおやま　ゆき）

現職　東京女子体育大学・東京女子体育短期大学専任講師、十文字学園女子大学非常勤講師、早稲田大学人間科学部 e-school 教育コーチ

学歴　早稲田大学人間科学部卒業、早稲田大学大学院人間科学研究科修了

資格　公認心理師、臨床心理士、精神保健福祉士、修士（人間科学）

略歴　大学院修了後、主に教育・発達臨床場面（教育相談室・スクールカウンセラー・乳幼児健診）を中心に臨床活動をしている。アクティブに動ける臨床家を目指している。「伝える」「教える」仕事も大好きで、大学では「きらりと光る専門職」の養成に力を注いでいる。「きらりと光る専門職」を養成するために、自分自身もきらりと光る臨床家・教員・母であるべきと考え、日々奮闘中。

共編著者へのコメント

　喜田先生を四字熟語で表すと「博学多才」。私が初めて出会った MENSA の会員！ものすごくクレバーで、でもすごく謙虚でいつも頼ってしまいます。

　小湊先生を四字熟語で表すと「思慮分別」。ADHD 脳の私に対して，冷静に根拠を交えた建設的な意見をいつもくれるから！謙虚でやさしくて、いつも素敵な指南をいただいています。

喜田　智也 （きた　ともや）

現職　株式会社ポルトクオーレ代表取締役、NPO 法人マインドフルネスリテラシー協会理事長、神戸旧居留地心理療法研究所所長、早稲田大学人間科学部 e-school 教育コーチ

学歴　早稲田大学人間科学部卒業、早稲田大学大学院人間科学研究科修了

資格　公認心理師、臨床心理士、専門健康心理士、産業カウンセラー、心理学検定特 1 級、修士（人間科学）、MENSA 会員

略歴　大学院修了後に株式会社公文教育研究会で勤務。その後、産業場面を中心に臨床活動をしている。その他、早稲田大学人間科学部 e-school 教育コーチとして認知心理学や統計学を担当、予備校にて公認心理師試験、臨床心理士試験他対策講座などを担当し、特に試験対策においては「『技術』を用いて『最小限の知識で合格』」をモットーに教育活動をしている。

共編著者へのコメント

　青山先生を四字熟語で表すと「英姿颯爽」。物怖じをされることがなく、行動も迅速で、颯爽とされている様子から。

　小湊先生を四字熟語で表すと「千思万考」。常に多くの状況を考えておられ、その中から総合的に判断をされる方です。

小湊　真衣 （こみなと　まい）

現職　帝京科学大学教育人間科学部こども学科講師、一般財団法人田中教育研究所非常勤研究員、共立女子短期大学ほか非常勤講師

学歴　早稲田大学人間科学部卒業、早稲田大学大学院人間科学研究科修了、早稲田大学大学院人間科学研究科博士後期課程単位取得満期退学

資格　公認心理師、保育士、博士（人間科学）、日本子育て学会認定子育てコミュニケーター（プライマリー）

略歴 大学院在学中より、関東の複数の大学にて非常勤講師を務める。主な担当科目は「発達心理学」「教育心理学」「子ども家庭支援論」「教育相談」「心理データ解析演習」「心理学実験」など。大学在学時より田中教育研究所にて、知能検査の実施や発達検査の開発、教育相談などに携わっている。

共編著者へのコメント

青山先生を四字熟語で表すと、「電光石火」のひとことに尽きます。何しろ仕事も判断も行動に移すまでのスピードも規格外の速さで、いつも驚かされるとともに尊敬しています。「有言実行」「直往邁進」などもぴったりの言葉だと思います（あと「才色兼備」）。

喜田先生を四字熟語で表すと、「精明強幹」で「天衣無縫」。非常に高い能力をお持ちで仕事も完璧なのにもかかわらず、とても人間味があってお優しく、謙虚でいらっしゃるから。

忙しい人のための公認心理師試験対策問題集　第2版　下巻

2019 年 10 月 25 日　　初版第 1 刷発行
2021 年 5 月 10 日　　第 2 版第 1 刷発行

編著者　　青山 有希、喜田 智也、小湊 真衣
発行者　　細田 哲史

発行所　　明誠書林合同会社
　　　　　〒357-0004　埼玉県飯能市新町 28-16
　　　　　電話 042-980-7851
装　丁　　田村奈津子
印刷・製本　　藤原印刷

Ⓒ Yuki Aoyama, Tomoya Kita, Mai Kominato, 2021
ISBN978-4-909942-15-9 C3011　Printed in Japan
＊本書の無断複写複製（コピー）は、特定の場合を除き、著作者・出版社の権利侵害になります。